Student Permakultury

Większość tego podręcznika oraz książki do ćwiczeń powstała z inspiracji pracami Geoffa Lawtona, jego internetowego kursu projektowania permakulturowego oraz prac jego poprzedników: Billa Mollisona, Davida Holmgrena, Masanobu Fukuoki oraz PA Yeomansa. Treść została zaadaptowana dla przeciętnego poziomu szkół w USA dla kategorii wiekowej 11+, lecz może służyć również jako materiał dodatkowy w dowolnych klasach gimnazjum i liceum w dowolnym kraju świata. Sprawdzi się również doskonale jako skrócony kurs permakultury dla dorosłych, którzy nie mają czasu zapoznać się z obszerniejszymi źródłami.

Ta seria podręczników stworzona została w celu wprowadzenia myślenia etycznego do edukacji dzieci, poprzez zorientowane na działanie, pozytywistyczne, własnoręczne prace i formy aktywności, łączące szeroki zakres nauk: rolnictwo, ogrodnictwo, ekologię, chemię, architekturę, projektowanie krajobrazu, żywienie i biologię.

Ilustracje:
Strona 8, "Żarówka" - Matt Powers.
Strony 2-3, 5, 26, 34, 35, 41, 48 u dołu, 51, 62, 64-65, 68, 79, 81 - Wayne Fleming.
Strona 89 - Lyric Piccolotti.
Wszystkie pozostałe - Brandon Carpenter.

Formatowanie - Thomas Mitchell, Byblos Media.
Tłumaczenie - Wojciech Górny

Publikacja 2015, PowersPermaculture123.

Spis treści

Rozdział I **5**
Wstęp

Rozdział II **15**
Natura

- Zachowania Natury 16
- Elementy Natury 21
- Gleby 23
- Grzyby 27
- Drzewa 29
- Klimat 32

Rozdział III **35**
Projektowanie Permakulturowe

- Obserwacja 36
- Planowanie 47

Działania:
- Gleba 52
- Rośliny 61
- Zwierzęta 68
- Akwakultura 70
- Prace ziemne 72
- Dom 76

Rozdział IV **79**
Permakultura i Przyszłość

- Indeks 82

Rozdział I

Wstęp

Czym jest permakultura?

Permakultura zrodziła się jako permanentne, trwałe rolnictwo, czyli **etyczny** i **odnawialny** system produkcji żywności. Wkrótce jednak zakres permakultury rozszerzył się, czyniąc ją nauką o etycznym projektowaniu, mającym zapewnić stabilność trwałych kultur. Permakultura skupia się na wykorzystaniu **energii** w sposób, w jaki czyni to już natura, lecz poprzez projektowanie stara się użyć wszystkich dostępnych energii, w tym **energii potencjalnych**. Permakultura działa w oparciu o wzorce spotykane w naturze, korzysta z nich i je rozbudowuje.

Zapewnienie żywności oparte na zrównoważonym rozwoju nie jest niczym nowym. Wiele dawnych kultur stosowało **elementy** odnawialne i rozumiało ich znaczenie. Każda z żyjących dziś na świecie osób miała przodków, którzy żyli wystarczająco harmonijnie, aby przeżyć w zgodzie z naturą. Przodkowie nasi nie mieli dostępu do wyników badań naukowych, nowoczesnych technologii czy **różnorodności** roślin i zwierząt, jakimi dysponujemy obecnie. Z naszą obecną wiedzą o zarówno dawnych, jaki i obecnych projektach permakulturowych, możemy tworzyć **odporne** i odnawialne systemy, które z radością i łatwością zaspokoją nasze lokalne i globalne potrzeby w sposób korzystny dla natury.

> **Działanie Etyczne:** takie, które nie krzywdzi ludzi ani środowiska
> **Odnawialny:** system mogacy funkcjonować w nieskończoności
> **Energie:** siły mogące zasilać proces, np. słońce, ciepło, wiatr
> **Energia potencjalna:** cokolwiek co może być użyte do wytworzenia energii, np. woda, grawitacja, drewno opałowe
> **Element:** część czegoś większego, np. drzewo w puszczy
> **Różnorodność:** wiele różnych elementów
> **Odporny:** zdolny przeciwstawić się siłom niszczącym lub zdolny do szybkiej regeneracji po stresie

Etyka Projektowania

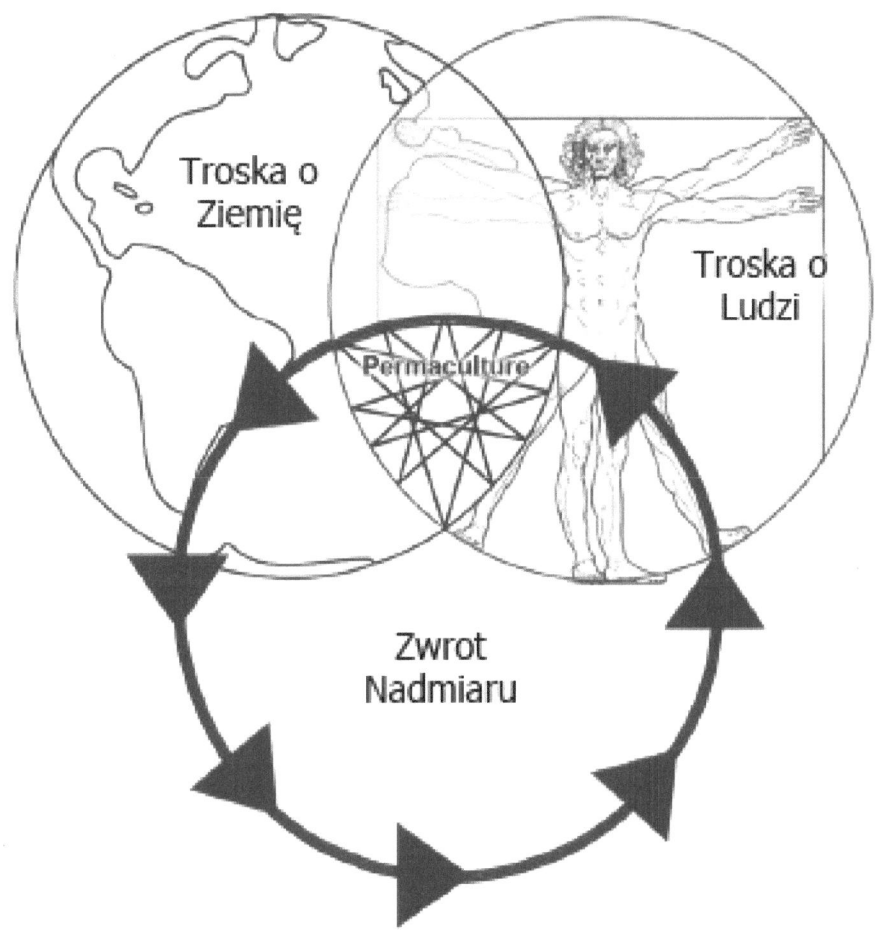

Troska o Ziemię
Dbałość o wszystko, co żywe i nieożywione na Ziemi

•

Troska o Ludzi
Troska o całą ludzkość z uwzględnieniem samowystarczalności i odpowiedzialności za społeczność

•

Zwrot Nadmiaru
Ułatwia działania na rzecz pierwszych dwóch zasad poprzez wymianę, handel, dobroczynność, zrównoważony rozwój i troskę o przyrodę

•

Każdy projekt musi odnaleźć swą równowagę etyczną, złoty środek między trzema zasadami etyki. Gdy tak się stanie, zawsze będzie korzystny dla Ziemi i wszystkich istot żywych.

Pierwsza Dyrektywa Permakultury

"Jedyną etyczną decyzją jest wziąć odpowiedzialność za nasze własne istnienie i istnienie naszych dzieci. UCZYŃ TO TERAZ."
- Bill Mollison, *Permaculture: A Designer's Manual*

Problem jest Rozwiązaniem

Permakultura nie postrzega problemów negatywnie, lecz jako okazje do ulepszeń. Przykładowo, poprzez projekt, niechciane odpady mogą stać się cennym surowcem. Wszystko sprowadza się do rozmiaru problemu. Zbyt silne wiatry mogą posłużyć jako energia dla wiatraka. Zbyt wiele wody może wypełnić nowy staw lub stać się przydatne dla elektrowni wod-nej. Zbyt wiele słońca można wykorzystać przy użyciu ogniw słonecznych. Jedynym ograniczeniem jest nasza własna wyobraźnia.

Permakutura w Krajobrazie i Społeczeństwie

1. Zachowaj i chroń nietkniętą przyrodę
2. **Rehabilituj zdegradowaną** ziemię
3. Twórz własne, kompleksowe, żyjące ekosystemy
   (Mollison, *Permaculture: A Designer's Manual*, 1988).

Rehabilitować: przywracać do poprzedniego stanu
Zdegradowany: uszkodzony, w mniejszej ilości lub o mniejszej liczbie funkcji

Pracuj z Naturą

Poznanie sposobów działania natury jest pierwszym krokiem do pracy z nią. Stosując metody natury możemy zużywać mniej energii do osiągnięcia naszych celów, równocześnie czyniąc to z korzyścią dla Ziemi. Gdy pozwalamy istnieć pożytecznym owadom, grzybom i "chwastom", nie tylko mówimy nie pestycydom, fungicydom i herbicydom, ale godzimy się też na pracę z systemami natury. Wszystkie te elementy (owady, grzyby, chwasty) są kluczowe dla trwania ekosystemu i niezbędne dla zdrowej gleby, żywności i ludzi.

Każdy Jest Ogrodnikiem

W zrównoważonym ekosystemie potrzeby i produkty każdego z elementów wzbogacają ten ekosystem. Kret i dżdżownica **napowietrzają** glebę. Ptaki i zwierzyna leśna rozsiewają nasiona, pomagając puszczy się rozrastać i same nawożą to, czym się żywią. "Chwasty", takie jak wyka czy koniczyna naprawiają glebę, tak jak to czynią niemal wszystkie inne rośliny **motylkowe**. Chwasty wskazują czego w glebie brak, gdyż każdy z nich dostarcza specyficznych składników odżywczych lub minerałów, których akurat potrzebuje ekosystem. Zdegradowane środowisko zawsze stara się wrócić do poprzedniego stanu. Wszystko, co żywe dąży do ekspresji życia. Gdy skorzystamy z pomocy ogrodników przyrody, możemy poczynić szybkie, potężne i pozytywne zmiany w naszym śro-dowisku.

> **Napowietrzać:** zapewniać dostęp powietrza
> **Motylkowe:** rośliny takie jak grochy i fasole, wiążące azot z powietrza. Są one kluczowe dla wszystkich permakulturowych ogrodów

Minimum zmian dla maksimum efektów

Najlepsze projekty permakulturowe cechuje równowaga nakładów i efektów. Dobry projekt powinien mieć jak najniższe zapotrzebowanie na energię, przy jak największych korzyściach. Przykładowo, aby zapobiec powstawaniu **kieszeni mrozu** pod drzewami, wycinamy jedynie ich najniższe gałęzie, a nie całe drzewa, pozwalając tym samym zimnemu powietrzu spływać w dół. W Australii z kolei, przez zaizolowanie dachu zmniejszyć możesz koszty ogrzewania i chłodzenia o 40%.

Prosta tama z pnia może częściowo skierować strumień w stronę warzywnika, zapewniając dzięki temu jego doskonałe nawodnienie.

> **Kieszeń mrozu:** obszar gdzie zbiera się zimne, nieruchome powietrze, zwykle w zacienionych zagłębieniach terenu

Tradycyjna? Ekologiczna? Permakulturowa?

Jest wiele nieporozumień w zakresie tego, co oznacza pojęcie żywność ekologiczna. Większość osób sądzi, że żywność ekologiczna to żywność bez **oprysków** i wolna od **GMO**. Choć są to ważne kwestie ujęte w przepisach, to klasyfikacja żywności ekologicznej jest bardziej skomplikowana. W poszczególnych krajach obowiązują specyficzne **certyfikaty** (na przykład w Stanach Zjednoczonych wydaje je **FDA**), a przepisy ograniczają sposoby produkcji żywności w takich certyfikowanych gospodarstwach, jednakże nie stanowią bezpośredniego odzwierciedlenia czy i jak zdrowa ta żywność jest. Należy też zauważyć, że każdy może uprawiać własną żywność ekologicznie, bez żadnych certyfikatów.

Niektóre działy rolnictwa nie mają osobnych przepisów dotyczących żywności ekologicznej i nie mają określonych **standardów**, którymi producent mógłby się kierować. W systemach permakulturowych zwracamy szczególną uwagę na wartości odżywcze. Permażywność, czyli żywność z systemów permakulturowych, z każdym rokiem staje się zdrowsza, wraz ze wzbogacaniem gleby. Przemysłowa produkcja żywności opiera się na produktach syntezy chemicznej i nienaturalnych, nieetycznych procesach, permakultura imituje naturę i udowadnia jej wyższość w aspekcie odżywczym.

Żywność można zmiksować do postaci płynu lub wycisnąć z niej sok, a następnie za pomocą **refraktometru** zmierzyć poziom skrobi lub cukru. W przypadku roślin, wynik świadczy o tym, jak dobrze one fotosyntetyzują, jak dobrze wymieniają składniki odżywcze w **ryzosferze** i jak bogate są w składniki odżywcze.

Poza wartościami odżywczymi, smak żywności z systemów permakulturowych jest wielce ceniony przez szefów kuchni oraz uprawiających własną żywność.

> **Opryski:** oparte na chemikaliach nawozy sztuczne, pestycydy, fungicydy, herbicydy
> **GMO czyli or Genetycznie Modyfikowane Organizmy:** organizmy, których geny zostały zmienione za pomocą wywołującego mutację wirusa lub choroby, aby wprowadzić obce DNA od innego organizmu, zwykle od innego gatunku
> **FDA:** Food and Drug Administration, organ regulacyjny amerykańskiego rządu
> **Certyfikat:** potwierdzenie lub uznanie spełnienia wymogów ustanowionych przez instytucję kontrolującą
> **Standardy:** reguły lub kodeks postępowania

> **Refraktometr:** przyrząd, który poprzez załamanie światła bada zawartość skrobii lub cukrów w płynach. Stosowany w produkcji miodu, wina i soków.
> **Ryzosfera:** obszar w glebie gdzie rosną korzenie roślin

Najważniejsze Problemy Ziemi

Brak wody: Narastające susze zagrażają światowej produkcji żywności, a rządy, korporacje i zwykli obywatele pompują wodę z warstw wodonośnych w ilościach, które w żaden sposób nie mogą zostać odtworzone za życia naszego i naszych dzieci. Zapotrzebowanie przemysłu na wodę wzrosło w postępie geometrycznym co w jeszcze większym stopniu wpłynęło na jej pobór, a potrzebom przemysłu nadano większy priorytet niż potrzebom przyrody i przyszłych pokoleń. Źródła świeżej i czystej wody stają się coraz rzadsze. Musimy zacząć postrzegać wodę zdatną do picia jako najcenniejszy światowy zasób naturalny.

Erozja gleb: Gleba jest źródłem wszelkiego życia w tych ekosystemach, gdzie występuje życie ludzkie i wszelkie inne. Nawet żyzne oceany mają swoje własne rodzaje gleb. Gleby całego świata z roku na rok ulegają coraz szybszej erozji. Metody uprawy, brak zrozumienia gleboznawstwa, potrzeby rynków światowych oraz zmiany klimatu - te wszystkie czynniki przyczyniają się do utraty gleb, jednakże rozwiązanie tego problemu jest bardziej istotne niż jego przyczyny. Techniki permakulturowe budują gleby, imitując procesy zachodzące w przyrodzie.

Znikanie lasów: W miarę znikania lasów, gleby są wymywane lub rozwiewane przez wiatr. Znikają siedliska dla istot żywych, powodując wymieranie gatunków i znikanie całych ekosystemów. Puszcze dostarczały zawsze czystej wody, powietrza, pożywienia i zwierzyny, a te wspierały istnienie ludzkich społeczności. Bez puszcz **pasywnie** wykonujących tą pracę, ludzkie cywilizacje zmuszone były ponosić coraz większe nakłady, aby samemu ją wykonywać. Gdyby wszystko, czego potrzebujemy było wytwarzane lokalnie, w sposób odnawialny, nie byłoby potrzeby wycinania jakichkolwiek lasów. Permakultura buduje lasy, które mogą trwać przez dekady lub nawet stulecia, poprzez ob-serwację i stosowanie wzorców z natury.

Zatrucie środowiska: jest to poważny i rosnący problem, ale umiemy sobie z nim radzić. Niemal wszystkie odpady, które produkujemy spalając paliwa kopalne, mogą być sprowadzone do stanu **obojętnego** poprzez kompostowanie. Nawet odpady radioaktywne mogą być zlikwidowane przez grzyby. Odpady produkowane przez ludzkość mogą być wielkim problemem, lecz zatrucie środowiska jest po prostu błędem w projektowaniu, bo **nadmiar** odpadów może z powrotem być zagospodarowany w środowisku tak długo, jak długo nie wytwarzamy i nie zanieczyszczamy środowiska substancjami, które nie ulegają rozkładowi (jak na przykład **DDT**). Musimy odmawiać użycia i bojkotować używających takich niebezpiecznych związków chemicznych. W projektowaniu permakulturowym wszystkie odpady muszą być zagospodarowane, a każde miejsce musi za swoje odpady odpowiadać.

> **Pasywny:** nie pracujący bez aktywnej stymulacji
> **Obojętny:** niereagujący, nieszkodliwy
> **Nadmiar:** więcej niż potrzeba
> **DDT:** Dichlorodifenylotrichloroetan; pestycyd

Rozdział II

Natura

Zachowania Natury

Różnorodność

Różnorodność to rozmaitość form w systemie, tak jak bioróżnorodność to rozmaitość życia w ekosystemie. Im bardziej harmonijne powiązania między elementami ekosystemu, tym bardziej jest on stabilny. Stabilne systemy są przewidywalne i **akumulują** zasoby, które zwiększają ich **żyzność**. Zwiększona żyzność tworzy wraz z upływem czasu coraz bogatsze i bardziej różnorodne ekosystemy, aż do osiągnięcia kulminacyjnego punktu ich rozwoju.

"Ekosystemy są złożonymi systemami, są mocno zintegrowane, wzajemnie powiązane i wzajemnie od siebie zależne w sposób, który ledwo zaczynamy rozumieć. Mają strukturę i funkcjonują tak, aby podtrzymywać życie we wszystkich jego aspektach, w dobrym zdrowiu, na przykład oczyszczać wodę, budować gleby, podtrzymywać płodność roślin i zwierząt, utrzymywać jakość powietrza i stabilny klimat".
— Rosemary Morrow

Żywe systemy bazują na różnorodności i trwają dzięki niej.

> **Akumulować:** zbierać coraz więcej
> **Żyzność:** potencjał dla powstającego życia

Gdy drzewo z rodziny strączkowych zaczyna rosnąć na ubogiej glebie, w obszarze o niskiej różnorodności, uruchamia ono reakcję łańcuchową. Opadające liście przykrywają glebę i odżywiają ją. Nasiona rozprzestrzeniają się, a rosnące z nich rośliny dają cień. Niemal wszystkie rośliny strączkowe mają zdolność wiązania azotu z powietrza dzięki bakteriom żyjącym w ich korzeniach. Każda z części rośliny dostarcza azotu do gleby, zwiększając żyzność. Gdy z liści powstaje gleba, a drzewo daje cień, woda jest zatrzymywana, żyzność gleby wzrasta, różnorodność życia biologicznego rośnie.

Nisza

Nisze są rolami bądź pustymi miejscami w różnorodności ekosystemu. Niszą może być dowolna forma życia pełniąca funkcjonalną rolę w ekosystemie. Permakultura wypełnia nisze pożądanymi formami życia. Dziura pod gankiem może stanowić problem dla właściciela, ale dla pszczół może to być doskonałe miejsce na gniazdo, blisko ogrodu.

Cykle: Nisze w czasie

Cykle to wzorce, które działają etapami wraz z upływem czasu. Każdy etap prowadzi do następnego. Cykl nie ma początku ani końca, działa w sposób ciągły. Rozmiary cyklu nie są istotne, gdyż cykl może zachodzić zarówno w mikroskopijnej komórce, jak i w globalnej atmosferze ziemskiej. Naszą rolą jako projektantów jest dostrzegać, wspierać lub moderować naturalne cykle w naszych systemach i na świecie. Cykle natury zapobiegają gromadzeniu się odpadów. Odpad poprzedniego etapu staje się surowcem dla następnego - trawa zjedzone przez krowy i wydalona jako nawóz jest rozgrzebywana przez ptactwo, a następnie rozkładana przez organizmy glebowe, aby stanowić substrat dla nowych traw. Odpad każdego etapu jest surowcem dla następnego.

Śnieg zbiera się w zimie i topi wiosną, tworząc strumienie wspomagające każdego roku nowy wzrost. Cykl ten napędza system klimatyczny strefy umiarkowanej. Drzewa zrzucają liście, tworząc gruby kobierzec **ściółki** chroniący korzenie i nasiona przed zimowymi mrozami. Opadłe liście rozkładają się przez zimę i stanowią nawóz dla wiosennych wzrostów.

> **Ściółka:** materia organiczna złożona z opadłych liści, kompostu, patyków, kory. Idealnie przykrywa wierzchnią warstwę gleby chroniąc żyjace w niej organizmy.

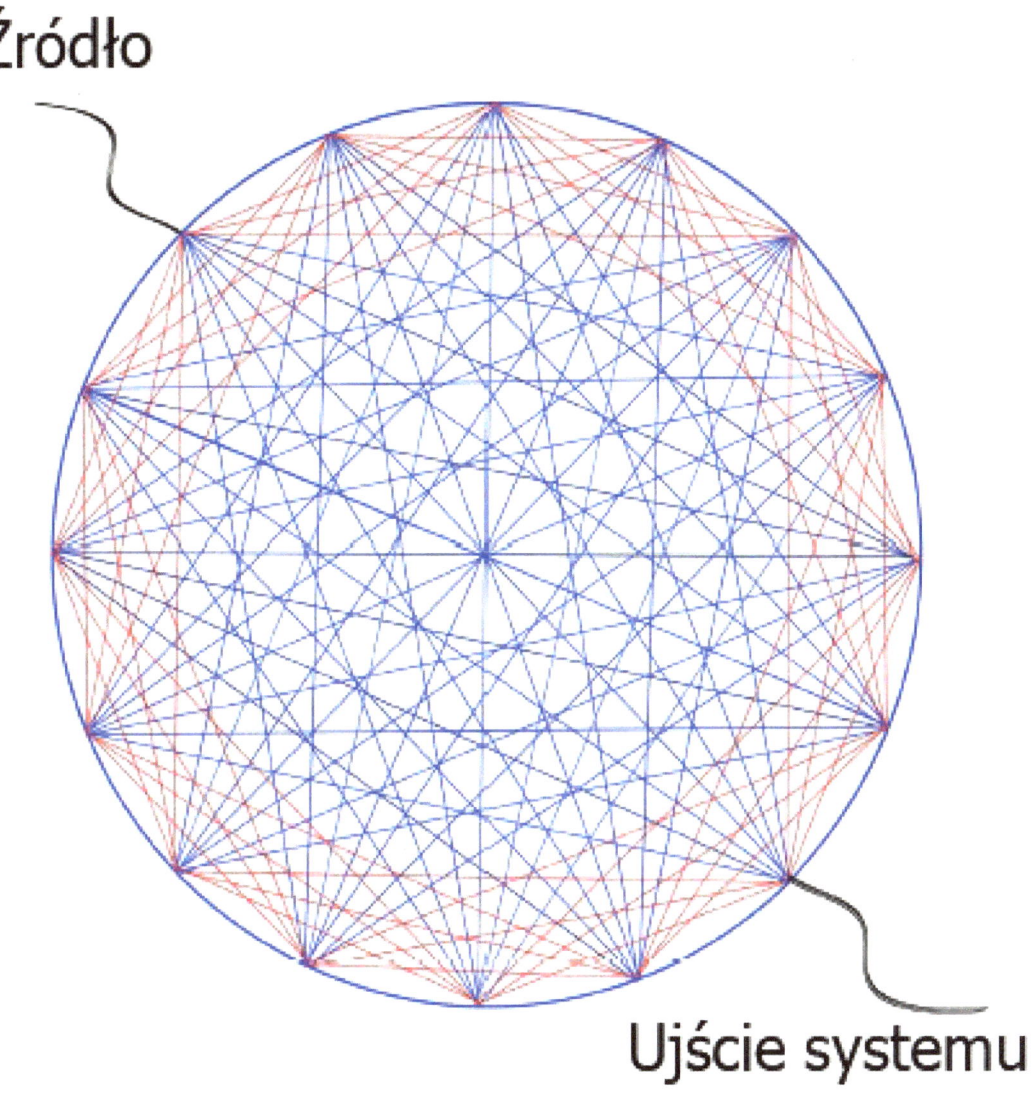

Pajęczyna Życia

W zdrowym ekosystemie, energia i substancje odżywcze uczestniczą w jak największej liczbie cykli, zanim opuszczą ekosystem. Wnikają do systemu ze źródła, aby po wielu cyklach opuścić go przez ujście. Dotyczy to zwierząt, roślin, składników gleby, a nawet powietrza. Wszystkie elementy systemu oddziałują na siebie wzajemnie poprzez cykle składników odżywczych i energii. Dobrze zaprojektowany system permakulturowy przechwytuje i obraca energią i substancjami odżywczymi bez końca.

Puszcze, w oparciu o Pajęczynę Życia, mogą trwać nawet tysiące lat.

Światowy Cykl Wody

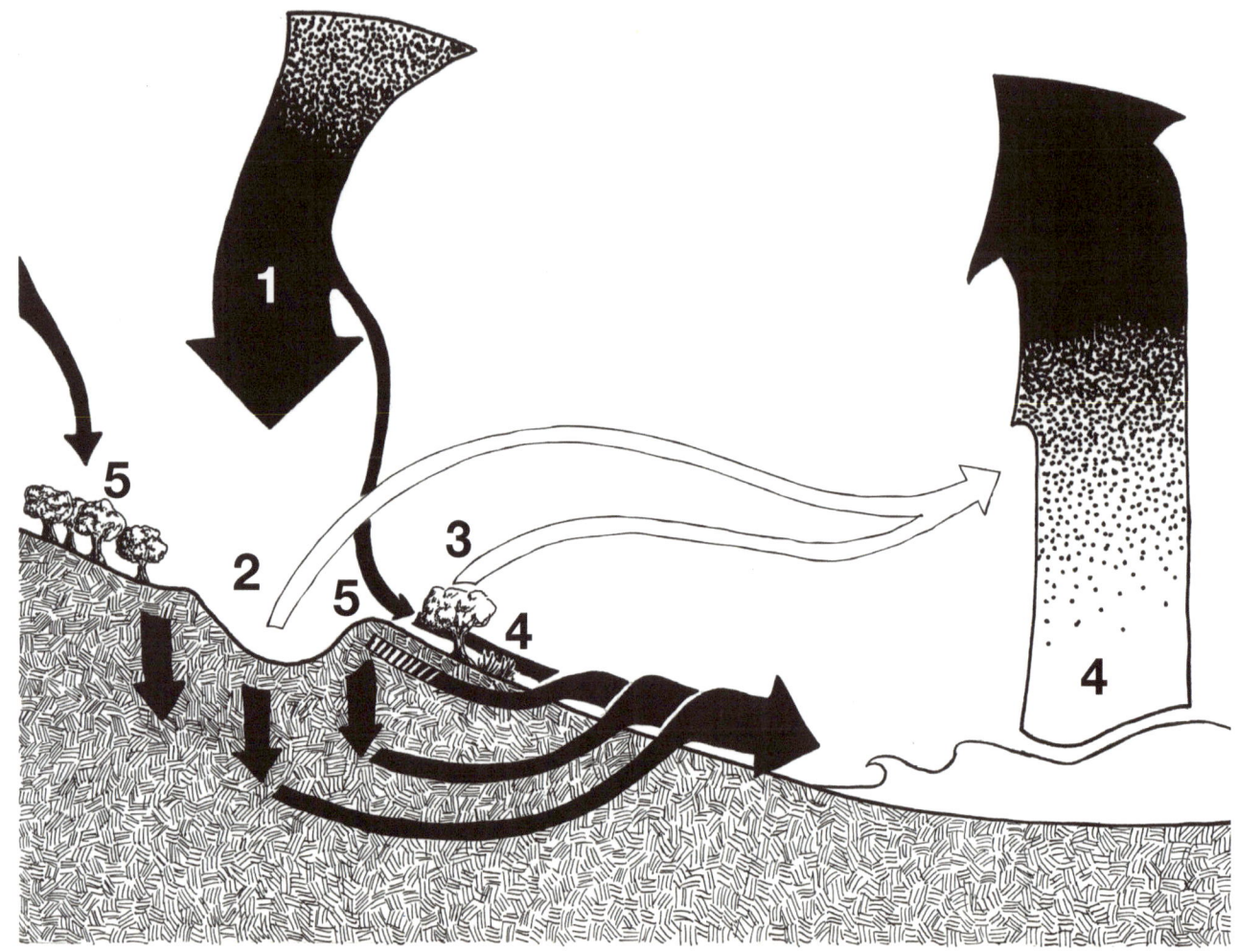

1) **Opad atmosferyczny**: woda w dowolnej formie opadająca z atmosfery na ziemię
2) **Parowanie:** proces zamiany wody z formy płynnej w gazową. Szczególny problem sprawia parowanie wody z gleb
3) **Transpiracja:** proces przechodzenia wody z gleby przez roślinę i jej parowania poprzez liście i gałęzie
4) **Ewapotranspiracja:** ruch powietrza i wody w efekcie którego woda odparowuje do formy gazowej i formuje chmury
5) **Kondensacja:** proces ogrzewania, w którym para wodna zbiera się na dowolnej powierzchni i tworzy krople. W ten sposób możemy zbierać wodę z powietrza

Cykle występują również w obrębie innych cykli. Kropla deszczu trafia do gleby, a stamtąd do liścia. Liść ten jest zjadany przez zwierzę, które oddaje mocz na inny fragment gleby, który odżywia inną roślinę, która z kolei może być wykorzystana przez mszyce, na których żerują mrówki zabierające płyn z mszyc pod ziemię, skąd zupełnie inna roślina pobiera wilgoć poprzez swoje korzenie. Takie cykle można mnożyć, ale w końcu kropla wody opuszcza system poprzez parowanie lub łączy się z innymi w większe źródło wody. Woda zawsze podąża w dół, dążąc do osiągnięcia poziomu morza, jednak gdy natrafi na płaski teren, przestaje płynąć i wsiąka w glebę.

Elementy Natury

Słońce

Słońce jest źródłem wszelkiej energii. Napędza życie na naszej planecie i wszystkie jej procesy, bezpośrednio lub pośrednio. Słońce napędza "silnik" naszej planety od jej jądra po atmosferę. Ziemia krąży wokół Słońca, a my razem z nią. Słońce wpływa na wzrost i zachowanie wszystkiego na Ziemi, i dotyczy to nawet tych procesów, do których funkcjonowania światło nie jest potrzebne.

Woda | Życie

Wszystkie żywe istoty potrzebują wody aby przeżyć. Zaczynając projektować permakulturowy obiekt zaczynamy analizę od oceny ilości dostępnej wody, opadów i ich rocznego rozkładu.

Akwakultura

Bogate w życie systemy wodne dostarczają obficie i nieprzerwanie żywności, więcej niż jest w stanie dostarczyć jakikolwiek system lądowy.

Źródło Energii

Woda jest potencjalnym źródłem energii i była zawsze wykorzystywana zarówno przez przyrodę, jak i przez systemy stworzone przez człowieka. Gromadzenie wody w punktach jak najwyżej położonych w krajobrazie zapewnia najwięcej energii potencjalnej. Jest ona potencjalna, gdyż zbiorniki wody stojącej nie dostarczają energii bez naszej ingerencji.

Jesteśmy odpowiedzialni za uzupełnianie wody w warstwach wodonośnych z których ją pobieramy oraz za odtwarzanie zlewni które niszczymy, jak również za oczyszczenie rzek i strumieni zanieczyszczonych przez ludzi.

Wiatr

Wiatr stanowi fascynujący fenomen. Choć sam niewidzialny, potrafi przynosić z wielkich odległości iły, nasiona, składniki odżywcze, owady a nawet ptaki. Zapobiega również chorobom grzybowym, ochładza, sprawia, że pnie drzew grubieja, a gałęzie się łamią. Wiatr łatwo zamienić w elektryczność, sprawić by się wzniósł tworząc pas puszczy, spowolnić wiatrochronem lub ukierunkować tunelem wiatrowym. Może być siłą destrukcyjną jeśli popełnimy błędy w projektowaniu.

Gleba

Gleba jest największym, najbardziej zróżnicowanym i najbardziej złożonym żywym systemem znanym nauce. Jest jednak słabiej poznana niż kosmos. Dopiero od niedawna nauka zaczyna nadrabiać te zaległości.

Zdrowa gleba to zdrowe rośliny. Rośliny dostarczają czystej wody, powietrza i bogactwa pożywienia. Organiczne związki węgla są podstawą wszystkich struktur życia w naszych ekosystemach, ale rośliny i zwierzęta potrzebują również właściwych proporcji składników odżywczych w glebie. Gleba która posiada duże zróżnicowanie materii organicznej dostarcza wszystkich niezbędnych składników odżywczych.

> **Makroelementy:** Azot (N), Fosfor (P), Potas (K)
> **Drugorzędne makroelementy:** Wapń (Ca), Magnez (Mg), Siarka (S)
> **Mikroelementy:** Bor (B), Miedź (Cu), Żelazo (Fe), Chlor (Cl), Mangan (Mn), Molibden (Mo), Cynk (Zn)

W glebie zamieszkują miliony organizmów takich jak bakterie, grzyby, nicienie i pierwotniaki, a wielu z nich jeszcze nie opisano. W glebie obecne są także powietrze i woda, których większość organizmów potrzebuje do życia. Życie mikroorganizmów glebowych można studiować pod mikroskopem. Ich aktywność pozwala utrzymać wodę w glebie oraz dostarczać składniki odżywcze roślinom i sobie nawzajem.

Rośliny preferują określone proporcje bakterii do grzybów w glebie. Jednoroczne, warzywa i trawy preferują gleby zdominowane przez bakterie. Wieloletnie, drzewa i krzewy wolą gleby zdominowane przez grzyby. Wszystkie stare lasy rosną właśnie na zdominowanych przez grzyby glebach.

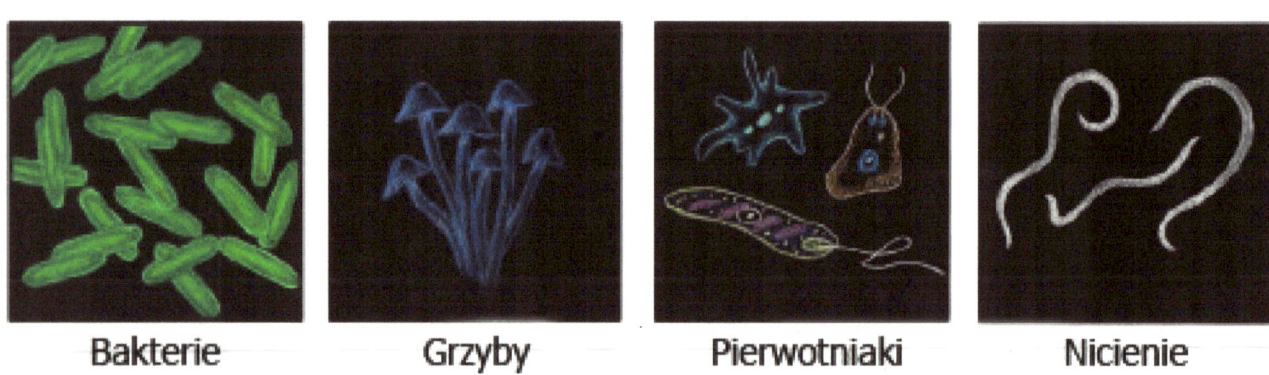

Bakterie · Grzyby · Pierwotniaki · Nicienie

Uzupełnianie materii organicznej w glebie jest jedyną metodą utrzymania żyzności. **Biocydy**, zarówno **herbicydy** jak i **pestycydy**, niszczą w glebie życie wspomagające pro-dukcję zdrowej żywności. Nawozy sztuczne, które składają się tylko z makroelementów, nie posiadają istotnej ilości materii organicznej, makroelementów drugorzędnych oraz mikroelementów. Budowanie gleby w sposób w jaki robi to przyroda zapewnia wszystko, co jest potrzebne do obfitej produkcji zdrowej żywności.

W naturze gleby tworzą się w wyniku kombinacji wielu procesów: **wietrzenia**, rozkładu chemicznego i dekompozycji. Fizyczne działanie lodowca na skały, wody na głazy lub wiatru w wąwozach stanowią przykłady wietrzenia. Grzyby rozkładają skały, drewno i materię organiczną, a bakterie drobne szczątki roślinne i zwierzęce. Grzyby zakwaszają podłoże, podczas gdy bakterie nadają mu odczyn zasadowy. Cztery podstawowe składniki gleb to glina, piasek, ił i materia organiczna.

> **Biocydy:** substancje, które zabijają żywe organizmy, zwykle chemikalia, które przez lata pozostają w środowisku
> **Herbicydy:** biocydy stosowane do usuwania niechcianych roślin
> **Pestycydy:** biocydy stosowane do zabicia owadów i innych zwierząt, aby chronić rośliny
> **Wietrzenie:** naturalne siły i procesy fizyczne, które rozdrabniają skały i inne składniki gleb

Pajęczyna Odżywiania Glebowego

Pajęczyna Odżywiania Glebowego, zwana też siecią pokarmową lub troficzną jest mapą wzajemnych powiązań i cykli życia w glebie. Sieć pokarmowa jest w równowadze, gdy zarówno bakterie, grzyby jak i materia organiczna są w glebie dostępne i różnorodne. Gdy wszystkie poziomy sieci pokarmowej w glebie są aktywne, mineralizują one nierozpuszczalne składniki odżywcze tak, aby rośliny mogły z nich korzystać, tworzą strukturę gleby a także pomagaja zatrzymywać w niej wilgoć i składniki odżywcze. Życie w glebie jest kluczem do jej żyzności.

"Nie ma gleby bez życia." - Elaine Ingham

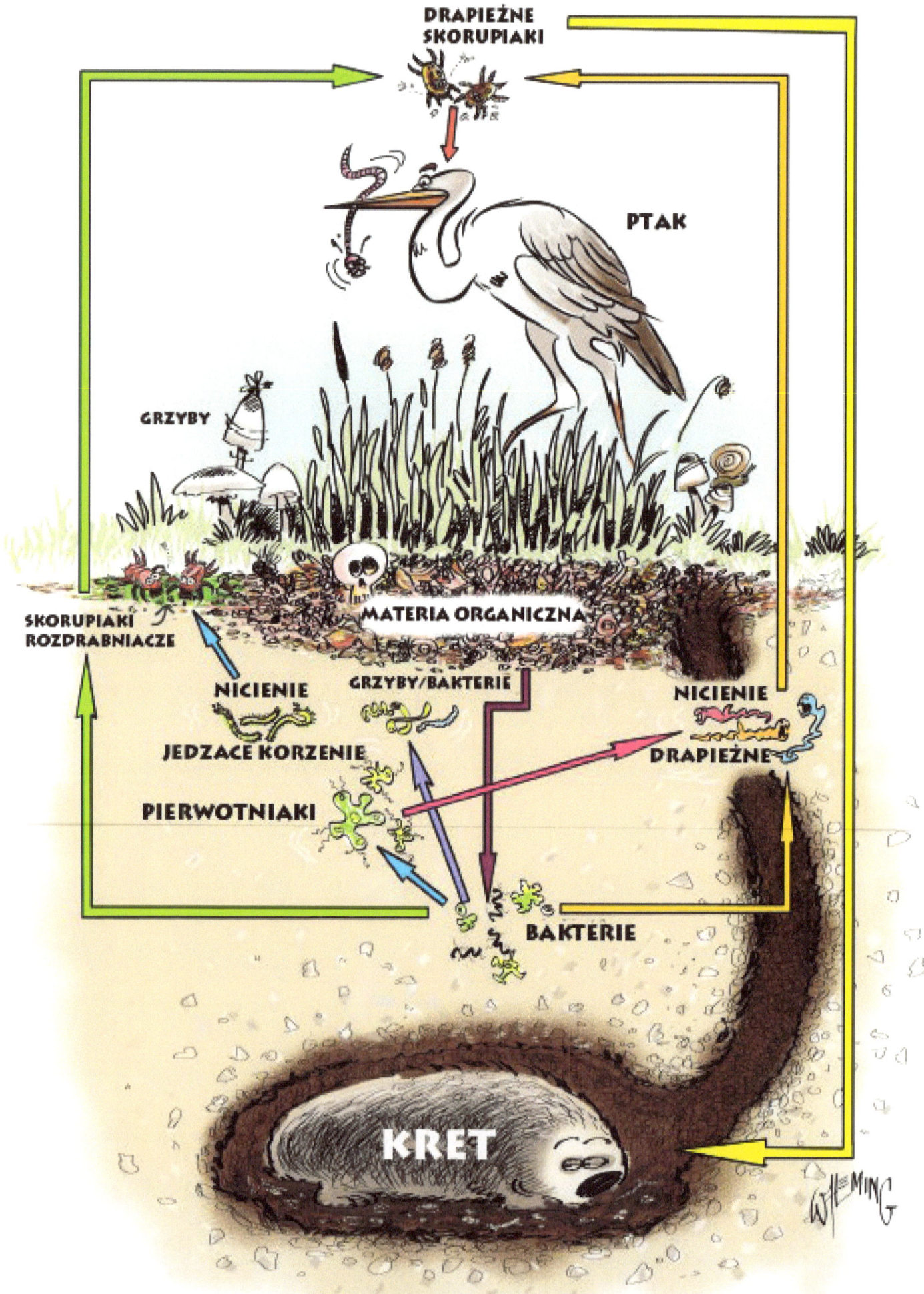

Grzyby

Grzyby mikoryzowe stanowią istotny element życia w glebie. Rozkładają materię organiczną i skały w warunkach tlenowych, przenoszą choroby w warunkach beztlenowych, oraz tworzą sieci komunikacji i wymiany składników odżywczych w glebie ciągnące się kilometrami. Rozkładają włókna celulozy z drewna, w wyniku czego drzewa wolą rosnąć na glebach zdominowanych przez grzyby. Mikoryzowe **strzępki grzybni** współpracują z korzeniami roślin w wymianie składników odżywczych od mikroorganizmów glebowych na **wydzieliny** roślin. Wydzieliny roślin spożywane są przez grzyby i bakterie. **Nicienie** i **pierwotniaki** żywią się zaś grzybnią i bakteriami, i wydalają łatwo przyswajalne dla roślin produkty przemiany materii. Udostępniając swe wydzieliny, rośliny przyciągają grzyby i bakterie, aby te z kolei wabiły nicienie i pierwotniaki odżywiające rośliny swymi wydalinami. Rośliny potrafią wabić dokładnie te pierwotniaki i nicienie, które produkują dokładnie to, czego roślina w danej chwili potrzebuje. Bez sieci utworzonych przez grzybnie wokół roślin, byłyby one narażone na ataki odżywiających się korzeniami nicieni i innych glebowych drapieżników. Bez grzybni rośliny nie byłyby w stanie wymieniać swoich wydzielin tak, aby wabić odpowiednie stworzenia.

Zdominowane przez grzyby gleby są niezbędne dla długoterminowej, zrównoważonej sukcesji, wszystkie długowieczne puszcze rosną na glebach zdominowanych przez grzyby.

> **Strzępki grzybni:** podziemna część grzyba: długie, nitkowate gałązki
> **Wydzieliny:** głównie węglowodany (cukry i skrobie) oraz nieco białek
> **Nicienie:** wielokomórkowe mikroskopijne robakowate zwierzęta żywiące się grzybnią i bakteriami
> **Pierwotniaki:** jednokomórkowe mikroskopijne organizmy żywiące się grzybnią i bakteriami

"Grzyby są organizmami pośredniczącymi pomiędzy życiem i śmiercią" - Paul Stamets

Grzyby kapeluszowe są owocnikami wyrastającymi z grzybni. Są wśród nich trujące, ale są i niezwykle smaczne oraz odżywcze. Czasami trudno określić, czy dany grzyb można zjeść bezpiecznie, gdyż wiele z nich wygląda podobnie. Zbierać i jeść należy tylko te grzyby, które się dobrze zna, a nauczyć się je rozpoznawać najlepiej pod okiem doświadczonego zbieracza.

Grzyby rozkładają drewno. Puszcze rosną na upadłych puszczach. Bez grzybów nie byłoby lasów i puszcz.

Grzyby ze strzępków formują **grzybnię**, czyli sieć komunikacyjną puszczy rosnącą w glebie. Sieci takie mogą się rozciągać na kilometry. Strzępki grzybni pośredniczą w wymianie składników odżywczych między roślinami. Drzewa zaatakowane przez szkodniki komunikują o tym innym drzewom za pośrednictwem strzępków grzybni, dzięki czemu drzewa rosnące dalej zawczasu zaczynają wytwarzać **odporność** na danego szkodnika.

> **Grzybnia:** podziemna część grzyba, ciało grzyba
> **Odporność:** zdolność przeciwstawienia się wpływom z zewnątrz

Drzewa

Ludzkość od zawsze korzystała z drzew. Dostarczają one pokarmu, czystego powietrza i wody, cienia, materiałów budowlanych, **siedlisk**, informacji historycznych, osłony przed wiatrem, celulozy, surowców leczniczych i wielu innych korzyści. Bez drzew nie istniałaby bioróżnorodność innych roślin, zwierząt, materiałów i surowców niezbędnych dla ludzkiego życia na naszej planecie. Żyjemy w **symbiozie** z drzewami. Drzewa wchodzą w interakcje ze wszystkimi elementami ekosystemu.

> **Siedlisko:** miejsce życia dla organizmu
> **Symbioza:** wzajemna zależność od siebie

Drzewa i Wiatr

Drzewa chłodzą gorące wiatry, ogrzewają zimne, a wszystkie spowalniają. Dzięki temu wiatry zostawiają drobiny substancji odżywczych, które ze sobą niosą. Wiatr przechodzący ponad linią lasu tworzy spirale, w wyniku czego za lasem powstaje strefa ochronna, wolna od wiatru.

Drzewa i Woda

Przez transpirację drzewa uwalniają wodę do atmosfery. Przez kondensację drzewa zbierają wodę z atmosfery. Drzewa pobierają również wodę z gleby za pomocą korzeni. Lasy porastające szczyty wzgórz utrzymują wilgoć w powietrzu i w glebie. Ich wzajemne oddziaływania z atmosferą wywołują opady. Gdy wycinamy lasy na szczytach wzgórz, zmniejsza się ilość opadów i pokrywa chmur, znikają też siedliska. Znikanie lasów powoduje pustynnienie.

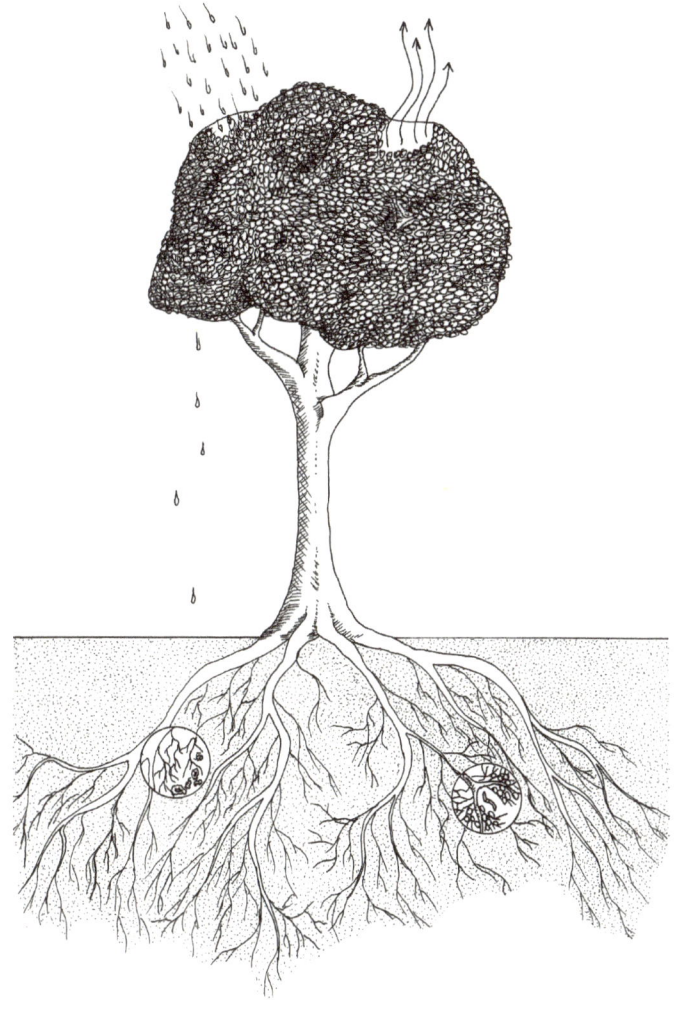

Piętra Lasu

Wszystkie piętra lasu muszą być wypełnione, lub przyroda sama wypełni wszelkie wolne nisze tym, co zwykle nazywamy chwastami. Piętrami lasu są: duże drzewa w szczytowej fazie wzrostu, niższe drzewa w cieniu dużych drzew, krzewy, rośliny zielne, rośliny okrywowe, pnącza, rośliny rosnące w kępach i rośliny korzeniowe. W tropikach mogą występować również dwa poziomy palm.

Gdy zrozumiesz jak rośnie las, możesz zaprojektować swoją własną puszczę lub leśny ogród.

Chwasty

Chwasty stanowią mechanizmy naprawcze. Pojawiają się, aby naprawiać glebę. Wypełniają również wszelkie wolne miejsca w warstwach puszczy. Rośliny o korzeniach palowych pojawiają się na glebach zbitych. Na glebach luźnych wyrastają chwasty o korzeniach wiązkowych. W miejscach pożarów wyrastają rośliny, które są w stanie uzupełniać fosfor utracony z gleby w wyniku pożaru. Zamiast wyrywać chwasty, jak to czyni wielu, lepiej jest je rozdrobnić i zostawić w miejscu gdzie rosły, aby stanowiły ściółkę i aby składniki odżywcze w nich zawarte użyźniały glebę. Rozkładające się rośliny pomocnicze będą tworzyć nowe warstwy gleby i poprawiać jakość istniejącej, stanowiąc jej ściółkę. To przyspiesza naturalne cykle powstawania gleb.

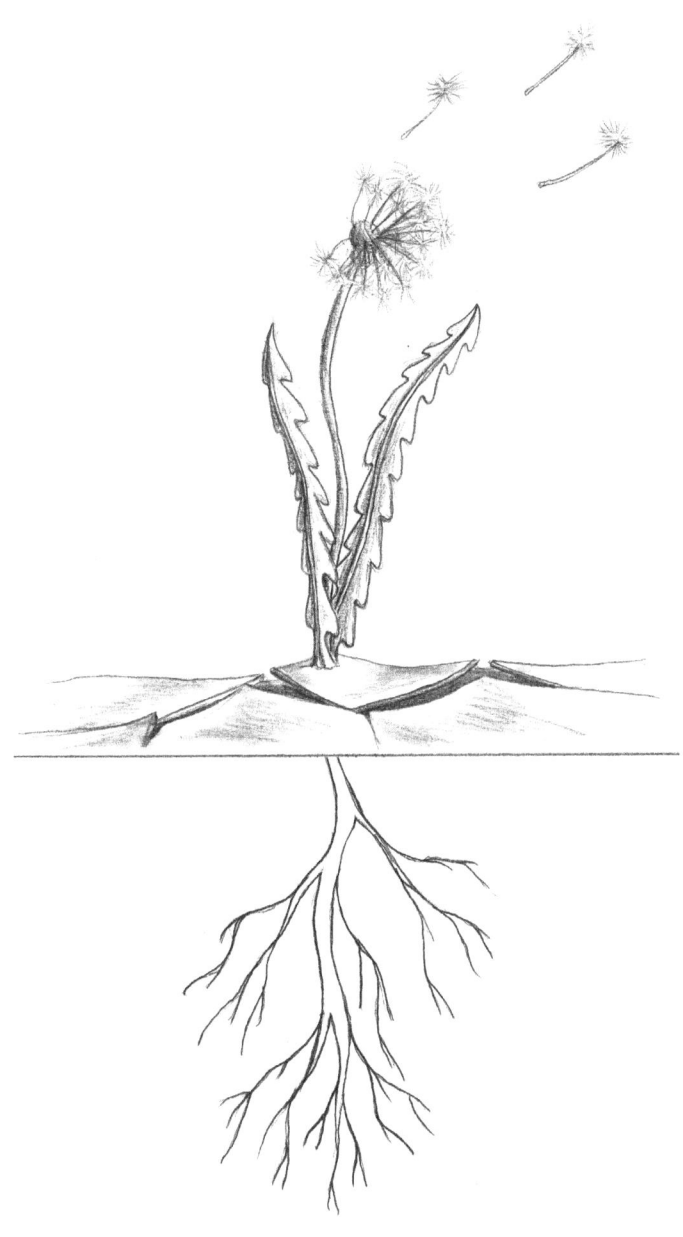

Klimat

Szerokie Strefy Klimatyczne

Chociaż każdy ekosystem na Ziemi jest unikalny, istnieją generalne podobieństwa, które pozwalają nam skatalogować i łatwiej poznać podstawowe strefy klimatyczne.

> **Umiarkowana:** rozciąga się między polarną a śródziemnomorską, od zimnej, przez chłodną do ciepłej.
> **Tropikalna:** gorąca i wilgotna strefa równikowa pomiedzy Zwrotnikiem Raka a Zwrotnikiem Koziorożca
> **Sucha:** regiony o silnym parowaniu spotykane w różnych częściach świata
> **Polarna:** rozciaga się wokół biegunów, niezwykle zimna i sucha tundra bez drzew i ciepłego lata.

Główne Profile Krajobrazu

Wilgotny: wysoka wilgotność powietrza, zaokrąglone wierzchołki wzgórz i gór
Suchy: niska wilgotność powietrza, ostre krawędzie gór, silne wiatry, intensywne parowanie, wysoka zawartość minerałów i składników odżywczych w glebach

Szczegółówe Profile Krajobrazu

Wulkany: zasadowe gleby, strome zbocza, żyzne równiny wokoło
Wysokie Wyspy: w połowie wilgotne, w połowie suche, cień opadowy
Niskie Wyspy: pokłady słodkiej wody pod powierzchnią, silne wiatry
Mokradła: wysoki poziom wód gruntowych, utrudniona uprawa warzyw
Równiny: silne wiatry, brak możliwości grawitacyjnego podlewania roślin
Ujścia rzek: przypływy i odpływy, akwakultura morska, bogate w składniki odżywcze
Wybrzeża: zasadowe, słone wiatry, gleby przepuszczalne, niska żyzność gleb

Mikroklimaty

Mikroklimaty powstają, gdy jakiś fragment terenu otrzymuje więcej lub mniej energii, niż jego otoczenie. Więcej słońca może oznaczać bardziej suche, cieplejsze stanowisko, o dłuższym okresie wegetacji. Więcej wody może oznaczać większą żyzność w porze suchej. Osłona od wiatru zapewnia lepszy wzrost dla delikatnych roślin. Mikroklimaty podnoszą bioróżnorodność i zwiększają zakres możliwości na danym terenie. Można je tworzyć przy użyciu niemal wszystkiego i można je znaleźć niemal wszędzie.

Mikroklimaty w rejonach o chłodnym klimacie wykorzystujemy często aby gromadzić ciepło, by chronić wrażliwe na zimno uprawy. W powyższym przykładzie, korzystamy ze stawu którego lustro wody odbija światło, a do połowy zagrzebane w ziemi głazy stanowią masę termiczną za rosnącym drzewem. Wiatrochron z drzew i krzewów powstrzymuje zimne wiatry, a gęste poszycie z lokalnych, wytrzymałych roślin dodatkowo chroni nasze wrażliwe na zimno drzewo owocowe.

Rozdział III

Projektowanie Permakulturowe

Obserwacja

Obserwacja jest chyba najpotężniejszym narzędziem, które pozwala nam odkryć moce naturalnych systemów. Choć początkowo nasze własne umiejętności obserwacji mogą być ograniczone, możemy stosować techniki i narzędzia budujące te zdolności. Z czasem nabędziemy doświadczenia, a odczytywanie krajobrazu stanie się łatwiejsze.

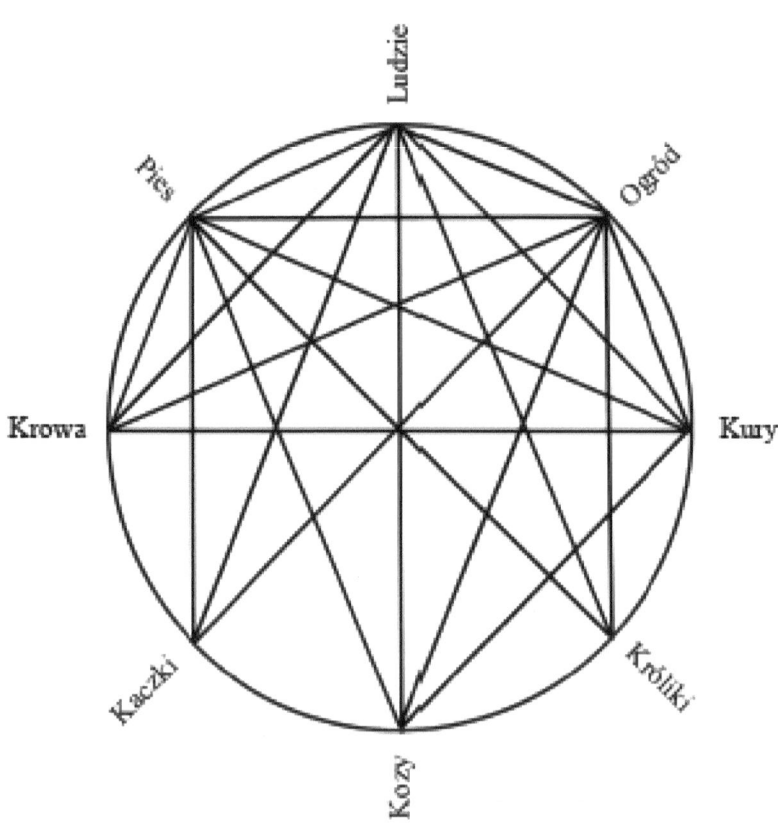

Każdy element pełni wiele funkcji i wspiera go wiele elementów

W przyrodzie każde zwierzę, roślina czy mikroorganizm lub proces ma wiele funkcji oraz jest wspierane przez wiele innych elementów. Im więcej wzajemnych relacji pomiędzy elementami systemu (potrzeb i produktów), tym bardziej jest on stabilny i trwały.

Przykładowo, kury spożywają szeroką gamę pokarmów, dzięki czemu mogą przetrwać w wielu różnych klimatach i środowiskach. Kury dostarczają jajek, mięsa, piór, kości, nawozu, kontrolują szkodniki i przekopują ściółkę. Nasza wyobraźnia i zdolność obserwacji to jedyne ograniczenia w odkrywaniu wzajemnych relacji.

Grawitacja

Grawitacja jest siłą, która działa nieustannie i wpływa na wszystko. Poprawnie wykorzystana w projektowaniu, oferuje ogromny potencjał energetyczny. Rozpoznanie w jaki sposób grawitacja działa na projektowany obszar, otwiera możliwości poszerzenia już istniejących w naturze wzorców lub skierowania ich gdzie indziej. Użycie grawitacji w projekcie może umożliwić wytwarzanie energii elektrycznej, gromadzenie wody, **akwakulturę** i niemal wszystko inne, co można osiągnąć przy udziale tych **produktów**.

> **Akwakultura:** hodowla wodnych roślin i zwierząt
> **Produkt:** efekt procesu wytwarzania

Efekt Wysokości

To, jak wysoko znajdujemy się nad poziomem morza, wpływa na klimat. Wznoszenie się jest jak podróż od równika w kierunku chłodniejszych, umiarkowanych klimatów. Należy pamiętać o tym ważnym efekcie patrząc na miejsca położone wysoko.

"Każde 100 metrów wzwyż, to jakbyśmy się oddalali o jeden stopień szerokości geograficznej od równika" -Geoff Lawton

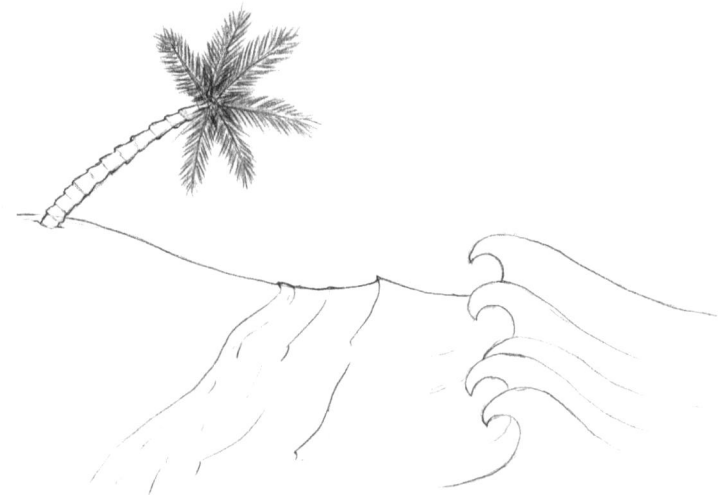

Efekt Morski

Zbiorniki wodne mają zdolność łagodzenia klimatu w swojej okolicy. Im większy akwen, tym większy efekt. Efekt morski zapewnia łagodne zimy i lata. Obszary pod jego wpływem często są doskonałymi terenami uprawy (o ile są chronione przed słonymi wiatrami).

Efekt Kontynentalny

Odwrotny do efektu morskiego, im dalej od dużych zbiorników wodnych, tym gorętsze są lata, a zimy chłodniejsze.

Cień opadowy

Gdy chmury deszczowe zbliżają się do gór, deszcz z nich spada głównie na stronę nawietrzną. Z upływem czasu jedna strona gór staje się bardziej wilgotna, a druga bardziej sucha. Najłatwiej to zaobserwować w górach leżących wzdłuż wybrzeży mórz i oceanów. Analizując teren i wiedząc z jakiego kierunku wieją zwykle wiatry, możemy określić gdzie będzie najwięcej opadów i gdzie woda będzie się zbierać.

Klimaty Analogiczne

Przy użyciu nowych technologii możemy odnaleźć klimaty podobne do naszego na całym świecie, poznać je i nauczyć się procesów zachodzących w nich w naturze. Rośliny i zwierzęta z analogicznych klimatów z reguły będą dobrze rosnąć i w naszych warunkach.

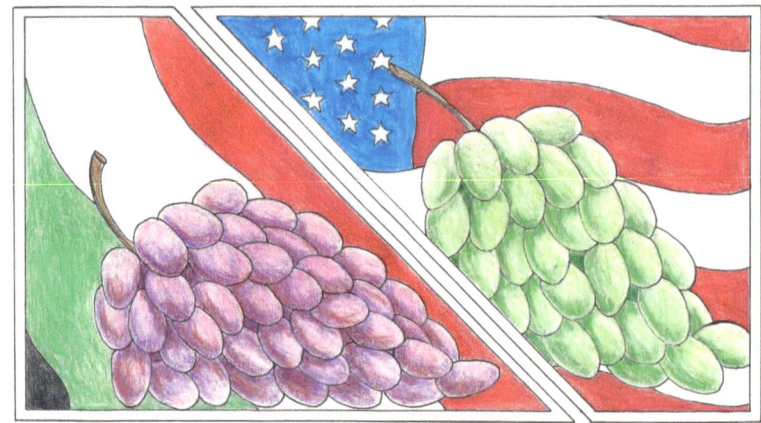

Winorośl rośnie dobrze zarówno we Włoszech, jak i w Kalifornii, gdyż w obu tych miejscach występuje klimat śródziemnomorski.

Znajomość własnego klimatu pozwala nam łatwo porównać go z innymi, ale znalezienie klimatu analogicznego wymaga nieco poszukiwań. Jedną z metod jest podążanie wzdłuż swojej szerokości geograficznej na mapie i szukanie miejsc położonych tak samo wysoko i tak samo daleko od morza. Pozwala to zawęzić zakres poszukiwań i skupić się na analizie miejsc najbardziej zbliżonych do naszego.

Wzorce

Naturalne systemy składają się z serii nakładających się na siebie, **współzależnych wzorców**. Uczymy się i komunikujemy korzystając z wzorców. Języki są również wzorcami. Wzorce są obecne i powtarzają się w krajobrazie. Możemy nauczyć się wzorców natury, obserwując i studiując ją. Wzorce natury czekają za drzwiami, gotowe abyś je dostrzegł. Ludzie mieszkający długo na danym terenie znają wzorce dłuższych cykli przyrody i mogą Ci o nich opowiedzieć. Na przykład o największych burzach i powodziach, o najcieplejszych i najsuchszych latach, o najmroźniejszych zimach. Dla każdego miejsca wzorce te będą różne.

> **Współzależne:** połączone ze sobą, wzajemnie powiązane
> **Wzorzec:** regularny i rozpoznawalny proces który się powtarza

Droga Słońca i Orientacja

Droga, jaką podąża Słońce w ciągu dnia, zmienia się w trakcie roku w miarę zmiany kąta nachylenia osi Ziemi. Słońce jest głównym źródłem energii na Ziemi. Jeśli domy i ogrody są niewłaściwie usytuowane względem Słońca, mogą otrzymywać zbyt mało lub zbyt dużo energii słonecznej, co sprawia że są mniej efektywne.

Wiedza o najniższej, najwyższej i średniej pozycji Słońca nad horyzontem jest niezwykle istotna przy projektowaniu.

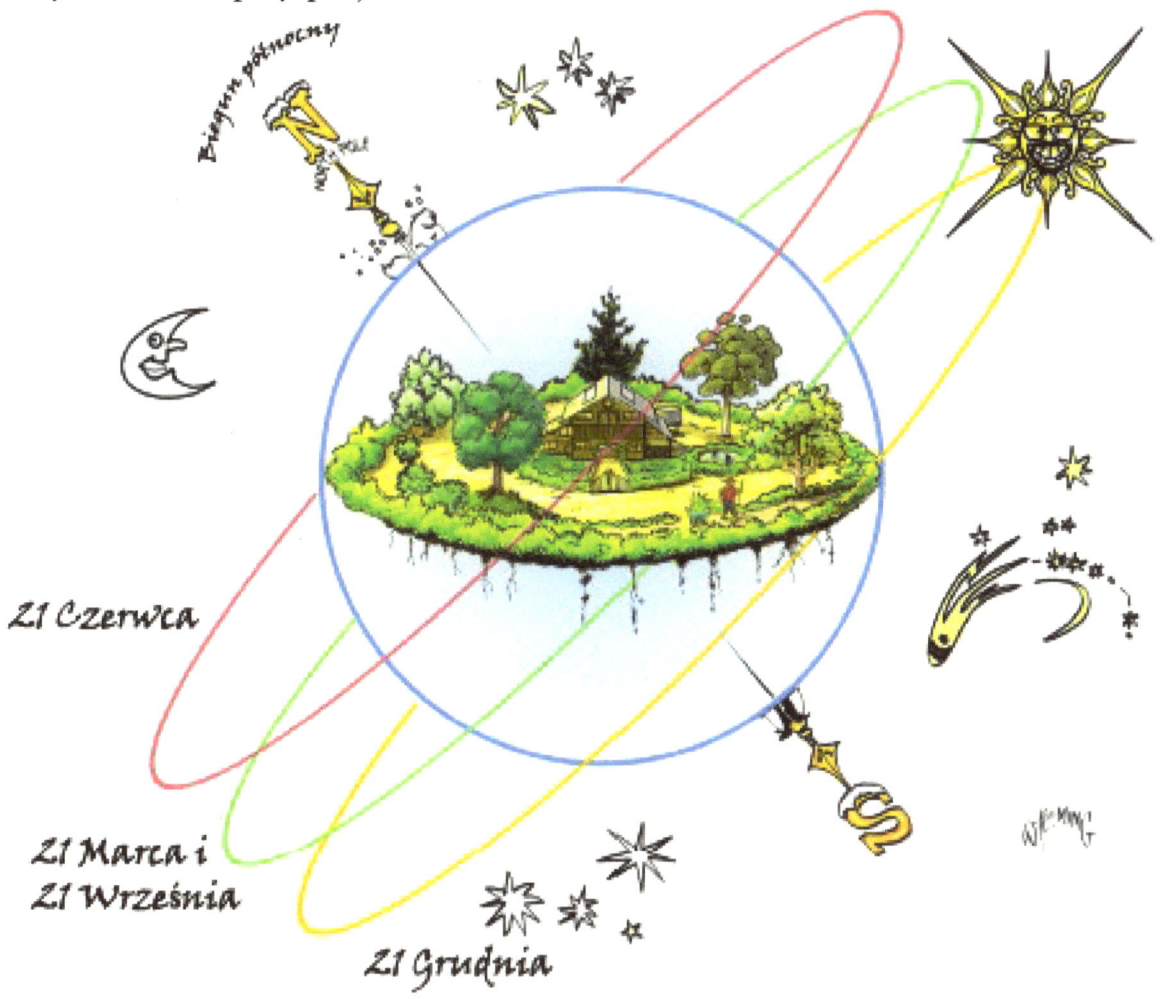

Przesilenia to skrajne punkty na drodze Słońca - w lecie dzień najdłuższy, w zimie dzień najkrótszy.
20, 21 lub 22 czerwca – letnie przesilenie Półkuli Północnej, Słońce widoczne najdłużej w roku
20, 21 lub 22 grudnia – zimowe przesilenie Półkuli Północnej, Słońce widoczne najkrócej w roku
20/21 marca i 20/21 września – równonoc wiosenna i jesienna (12 godzin dnia i 12 godzin nocy)

Nachylenie

Spadek terenu określa, co można na nim sadzić. Gdy teren jest zbyt stromy, wolno na nim sadzić tylko drzewa i specyficzne rośliny powstrzymujące erozję. Ogrody roślin jednorocznych zakłada się w miejscach jak najbardziej płaskich. Płaski grunt lepiej wchłania i utrzymuje wodę niż zbocza łatwo ulegające erozji. Im powierzchnia gruntu bardziej płaska lub wklęsła, tym więcej wody może wchłonąć.

Często trudno wyznaczyć podstawę, lecz gdy wbijesz jedną tyczkę w ziemię idealnie pionowo, a drugą umieścisz idealnie poziomo (aby sprawdzić ustawienie tyczek, używaj poziomicy), z jednym końcem na stoku, a drugim dotykającym pionowej tyczki, otrzymasz model taki, jak na poniższym rysunku, tylko obrócony do góry nogami. Mierząc teraz tyczki od punktu gdzie się krzyżują wyznaczysz wysokość i podstawę, a znając te wartości wyliczysz procentowe nachylenie stoku.

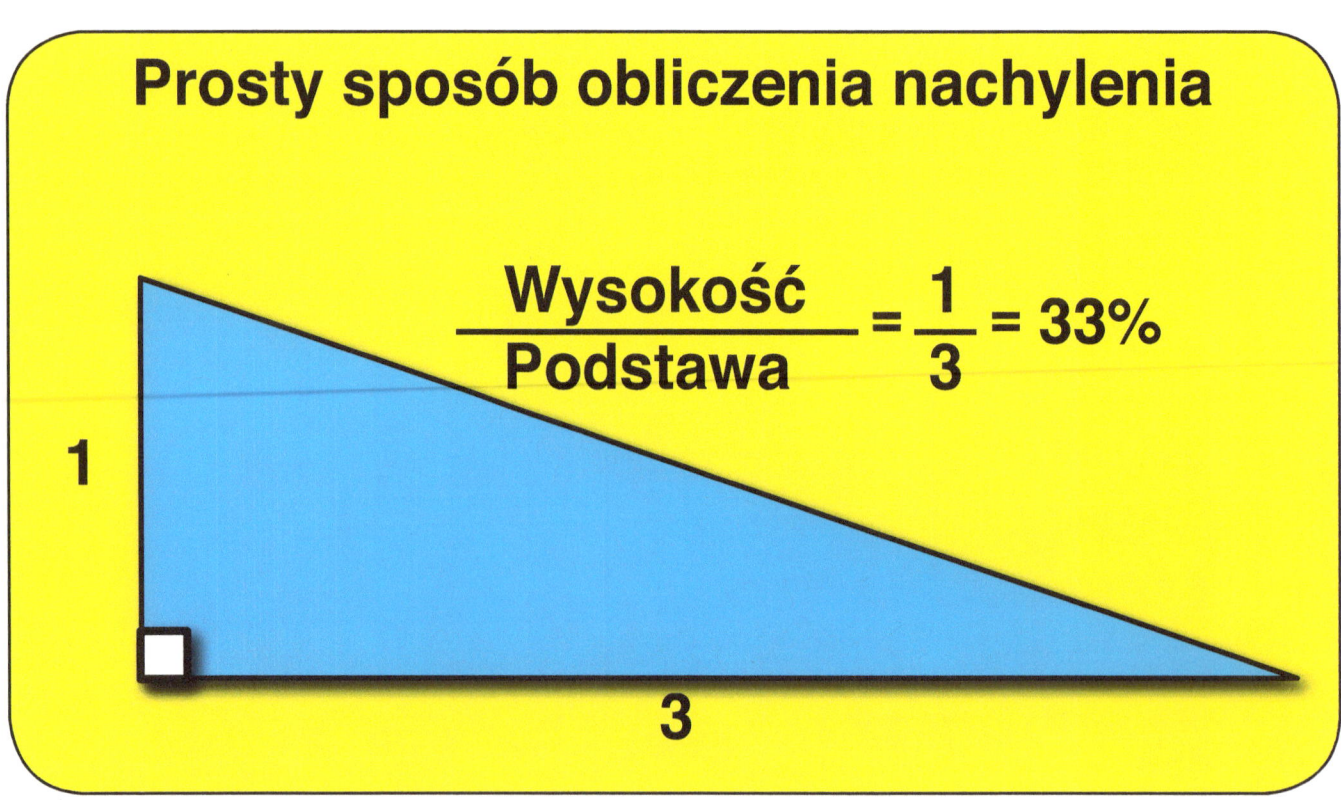

Efekt Krawędzi

Efekt krawędzi występuje na styku dwóch ośrodkówLiczba gatunków na styku dwóch ośrodków jest większa niż suma żyjących w każdym z nich z osobna.

Przykładowo na styku oceanu z lądem żyją zwierzęta morskie, lądowe i te, które żyją tylko na takim właśnie styku. Dzięki temu styk staje się bardziej żyzny niż obszar w głębi oceanu czy w głębi lądu.

Linie Konturowe

Linia konturowa jest linią w terenie o stałej wysokości nad poziomem morza, tak więc dowolna ścieżka poprowadzona po takiej linii jest dokładnie pozioma. Jest to bardzo przydatne w projektowaniu. Woda na poziomej płaszczyźnie spowalnia swój przepływ i jeśli nawierzchnia jest **porowata**, wsiąka. Linie konturowe znajdują liczne zastosowania w projektowaniu, szczególnie przydatne jest wyznaczenie dwóch najdłuższych linii konturowych w danym terenie – tej położonej najwyżej, i tej najniżej.

Porowaty: pozwalający przenikać powietrzu i wodzie

Plon

Plon to ilość produktów jakie system produkuje. Permakultura nie skupia się na plonie jednego rodzaju z danej jednostki powierzchni. Zamiast tego bierze pod uwagę wszystkie dostępne plony, gdyż stosuje **polikultury** zajmujące tą samą powierzchnię w procesie zwanym **nawarstwianiem**. W efekcie elementy polikultury w sumie dają większy plon niż dałaby jedna roślina czy zwierzę z danej powierzchni. Dobry przykład to tzw. Trzy Siostry, czyli **gildia uprawna** Indian Ameryki Północnej, w której kukurydza, dynia i fasola sadzone są wspólnie na tym samym obszarze.

W przyrodzie plony są rozproszone w czasie, aby wspierać mnogość nisz i cykli. Dostępność pożywienia przez cały rok jest możliwa wyłącznie wtedy, gdy rośliny są zróżnicowane i głównie **wieloletnie**. Uprawy roślin **jednorocznych** powinny stanowić dodatek do podstawowych upraw roślin wieloletnich. Posiadanie odmian wczesnych, pośrednich i późnych dla każdego gatunku przedłuża nasz okres zbiorów, dając łatwiej osiągalne plony.

*Ta jabłoń ma **zaszczepione** odmiany wczesne, średnie i późne.*

> **Polikultura:** mieszanka wielu upraw i zwierząt na danym obszarze
> **Nawarstwianie:** umieszczanie wielu elementów na tym samym obszarze i/lub w tym samym czasie
> **Gildia Uprawna:** korzystne grupowanie roślin
> **Wieloletnia:** roślina żyjąca przez wiele sezonów
> **Jednoroczna:** roślina co roku wyrastająca z nasion
> **Szczepiona:** roślina z dołączoną częścią pochodzącą z innej rośliny

Różnorodność, Stabilność i Trwałość

Rozciągnięcie plonów w czasie jest formą celowego rozłożenia energii w czasie. Zwiększa bioróżnorodność oraz stabilność systemu. Dzięki temu system jest trwały i rozwija się w sposób zrównoważony oraz jest bardziej odporny na zdarzenia losowe.

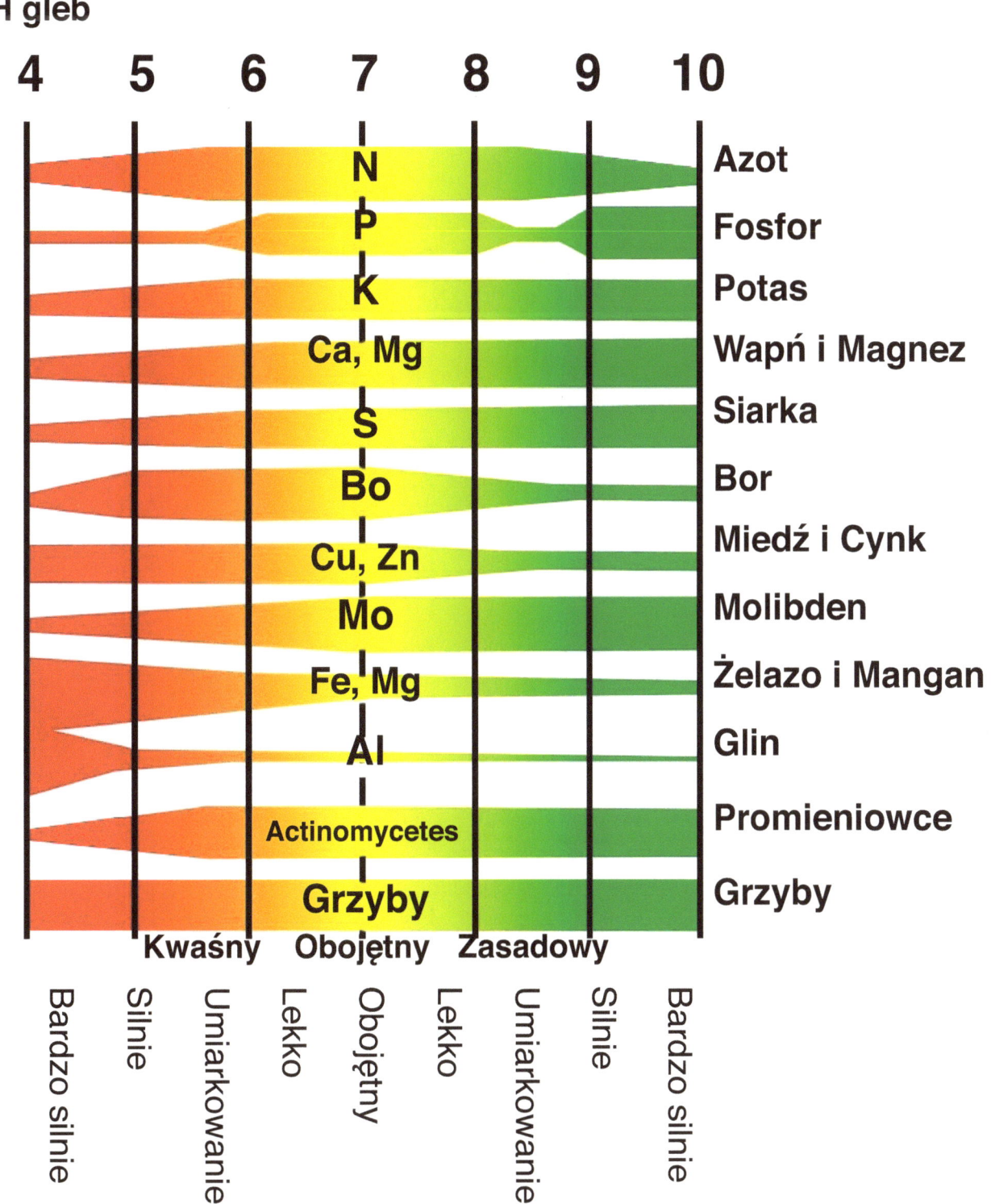

Wyniki pomiaru pH mogą się wahać od bardzo kwaśnego do bardzo zasadowego. Mierząc pH mierzymy stężenie jonów wodorowych (H+). Każdy kolejny stopień na skali pH to dziesięciokrotnie większa zawartość tych jonów – jest to skala logarytmiczna. Liczba 7 na skali oznacza odczyn (pH) obojętny, ani nie kwaśny, ani nie zasadowy.

Większość ogrodników dąży do pH 6.5-7, lecz niektóre rośliny preferują bardziej kwaśne lub bardziej zasadowe gleby. Rośliny uprawne zwykle wolą gleby podobne do tych, z których się wywodzą w naturze. Sprawdzanie pH w tak wielu miejscach jak to możliwe pozwala projektantowi dokonywać **przemyślanych** i **korzystnych** wyborów w procesie projektowania. pH ma wpływ na wybór **dodatków doglebowych**, jak również na wybór gatunków oraz miejsca sadzenia roślin.

> **Przemyślany:** wynikający z wiedzy lub zrozumienia
> **Korzystny:** dający pozytywny efekt
> **Dodatki Doglebowe:** substancje wprowadzane do gleby w celu poprawienia jej jakości

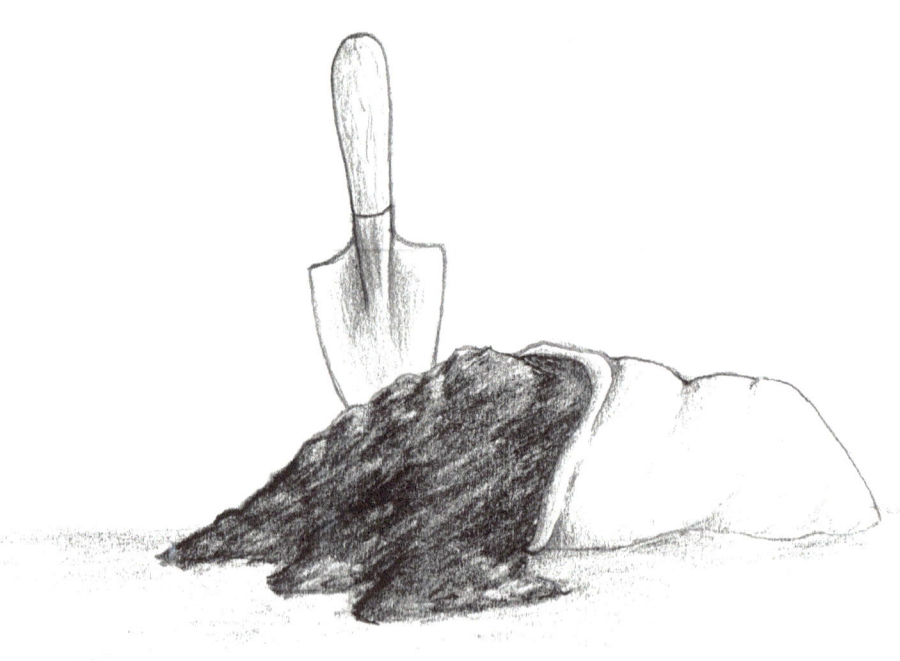

Planowanie

Projektowanie Funkcjonalne

Projektowanie Funkcjonalne jest formą zrównoważonego projektowania, które wytwarza nadwyżki plonów. Łączy ono ze sobą jak największą liczbę elementów by zatrzymać jak najwięcej energii na danym obszarze. Projekty dysfunkcyjne nie są zrównoważone, wymagają kosztownego wkładu i w końcu przestają funkcjonować.

Jako projektanci musimy zawsze starać się łączyć każdy wkład do systemu z jego produktami, aby składniki odżywcze i energie krążyły w systemie jak najdłużej i aby brało w tym udział jak najwięcej elementów żywych, co zbuduje różnorodność, stworzy stabilność i zapewni zrównoważony rozwój systemu.

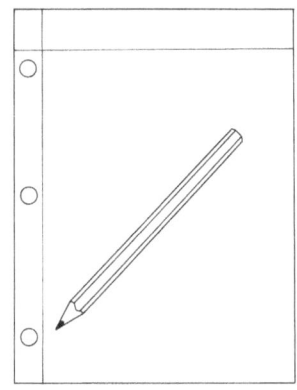

Odczytywanie Krajobrazu

Każdy krajobraz opowiada historię. Od pochylenia drzew pokazującego kierunki wiatrów, po linie maksymalnego poziomu wody na brzegach strumienia, każdy element wiele nam mówi o miejscu, w którym jesteśmy. Choć wymaga to czasu i praktyki, każdy może odczytywać krajobraz. Wykorzystując narzędzia takie jak mapy, obserwację na miejscu, wywiad i dane historyczne, możemy wreszcie dostrzec to, co na nas czeka.

Mapy topograficzne

Mapy topograficzne zawierają linie konturowe (poziomice) które odwzorowują fizyczny układ terenu. Nie są one jednak w pełni dokładne. Jedynym sposobem aby sprawdzić jakich rozwiązań użyć jest wizyta na miejscu, ale mapy topograficzne ułatwiają wiele czynności.

Mapa topograficzna może wskazać dogodne lokalizacje do umiejscowienia tamy czy domu oraz wyraźnie pokazać które zbocza są zbyt strome dla działań innych niż kontrola erozji.

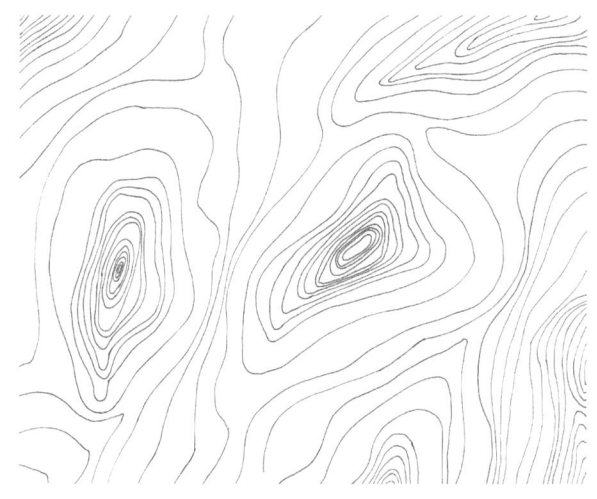

PROJEKTOWANIE PERMAKULTUROWE | 47

Punkt Kluczowy (Keypoint)

Punkt kluczowy spotykamy głównie w pofałdowanym i górzystym krajobrazie wilgotnych stref klimatycznych. Jest to punkt, w którym zbocze doliny zmienia kształt z wypukłego na wklęsły. Punkt ten wskazuje nam najwyżej położone miejsce, w którym możemy gromadzić wodę.

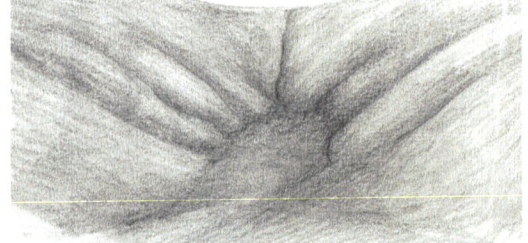

Linia Kluczowa (Keyline)

Linia kluczowa jest linią konturową która rozciąga się w obie strony od punktu kluczowego i często łączy punkty kluczowe położone w sąsiednich dolinach. Rozpoczęcie wyznaczania linii kluczowej od najniżej położonego punktu kluczowego w serii dolin może być najlepszym sposobem połączenia ich zlewni. Pozwala to zatrzymać najwięcej wód opadowych i zgromadzić najwięcej energii potencjalnej, gdyż jest to najwyżej położona linia gromadzenia wody przechodząca między dolinami.

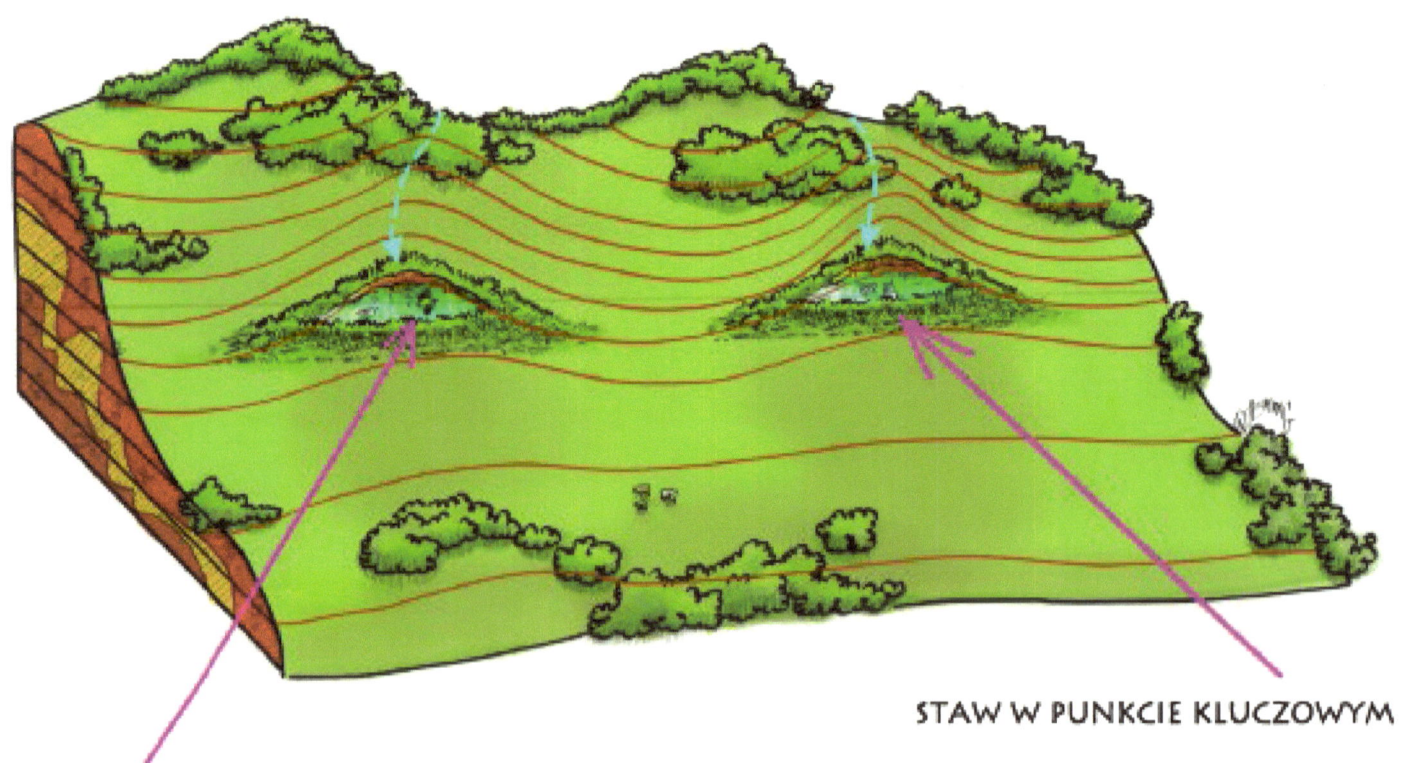

Obliczanie Zlewni

Na mapie konturowej poprowadź linie od planowanego stawu do grani, zawsze pod kątem prostym do linii konturowych. Powstały w ten sposób obszar to granice zlewni. W danych meteorologicznych sprawdź maksymalne opady na Twoim terenie. Maksymalną ilość wody wyznaczysz mnożąc powierzchnię zlewni przez maksymalne opady. Ilość wody wyznacza rozmiary stawu, grobli oraz rozmiar i położenie przepustów. Przepusty położone są zawsze niżej niż szczyt tamy i wyznaczają maksymalny poziom wody w stawie, dzięki czemu chronią groblę przed przerwaniem, odprowadzając nadmiar wody.

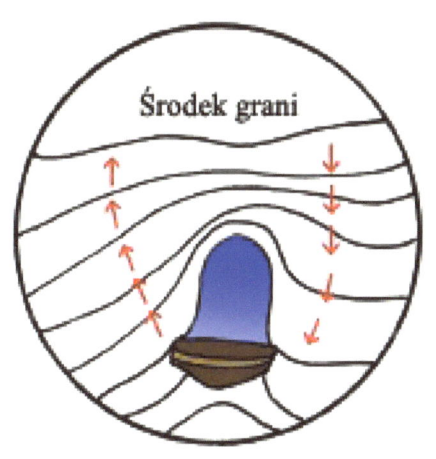

> Obszar zlewni **x** maksymalne dobowe opady
> = maksymalny przepływ wody

Analiza Elementów

Każdy element ma swoje potrzeby, produkty i zachowania oraz wrodzone cechy. Wyznaczenie ich wszystkich pozwala projektantowi dostrzec pełnię możliwości, mocnych stron i słabości każdego elementu, który pragnie umieścić w projekcie. Według analizy elementów dobieramy każdą roślinę i zwierzę do projektowanego systemu. Można eksperymentować, ale planowanie takie gwarantuje plon i zwrot inwestycji.

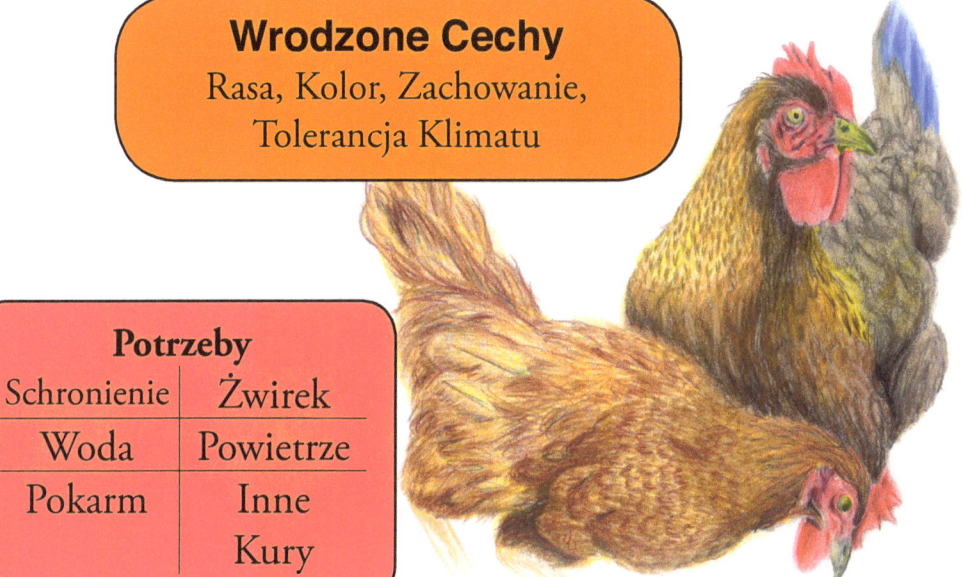

Wrodzone Cechy
Rasa, Kolor, Zachowanie, Tolerancja Klimatu

Produkty i Zachowania	
Jaja	Lata
Mięso	Walczy
Nawóz	Metan
Grzebie	Pióra
Rozdrabnia	Szuka Karmy
Dwutlenek Węgla	Produkuje Ściółkę

Potrzeby	
Schronienie	Żwirek
Woda	Powietrze
Pokarm	Inne Kury

PROJEKTOWANIE PERMAKULTUROWE

Planowanie Sektorów

Planowanie sektorów to minimalizowanie energii niezbędnej aby utrzymać naszą nieruchomość. Dzięki zorganizowaniu różnych elementów w strefy, projektant może umieścić te wymagające większej troski bliżej domu, aby ograniczyć w skali roku dystans jaki mamy do pokonania, aby te elementy odwiedzać. Przykładowo, ogród ziołowy odwiedzany codziennie lokujemy przy samym domu (Strefa 1), podczas gdy drzewa z przeznaczeniem na opał, odwiedzane rzadko, umieszczamy z dala od domu (Strefa 4).

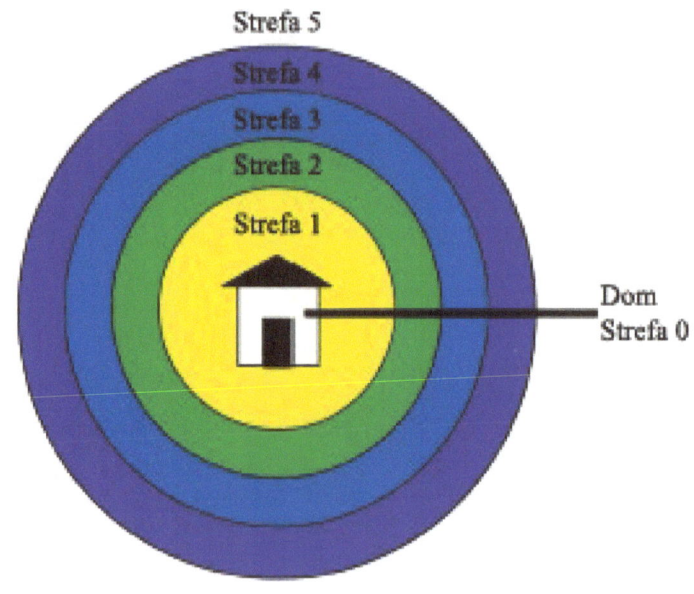

Strefa 1: teren wokół domu, ogród ziołowy i warzywny, systemy wymagające najwięcej wkładu w **utrzymanie**

Strefa 2: uprawy główne, sad, małe zwierzęta, uprawy na **paszę**, **gęste nasadzenia,** grubo ściółkowane, rutynowa opieka

Strefa 3: wytrzymałe drzewa, gatunki rodzime, pastwiska, osłony od wiatru, **przecinki** od ognia, leśne ogrody, dobre połączenie ze strefami 1 i 2, regularna ale niezbyt intensywna troska, głównie o zwierzęta, zbiory i materiały do ściółkowania, **zgrubne ściółkowanie**

Strefa 4: drewno konstrukcyjne i opałowe, leśny ogród, leśny wypas, minimalne nakłady na utrzymanie

Strefa 5: dzika przyroda, brak utrzymania, teren polowań, drewno

---

Utrzymanie: praca niezbędna, aby system przetrwał

Pasza: pożywienie dla zwierząt

Gęste nasadzenia: rośliny sadzone blisko siebie

Przecinka: przeszkoda dla ognia mająca powstrzymać pożary, pas bez drzew w lesie

Zgrubne ściółkowanie: duże części roślin są ścinane i rozrzucane bez dalszego rozdrabniania, tworząc ściółkę

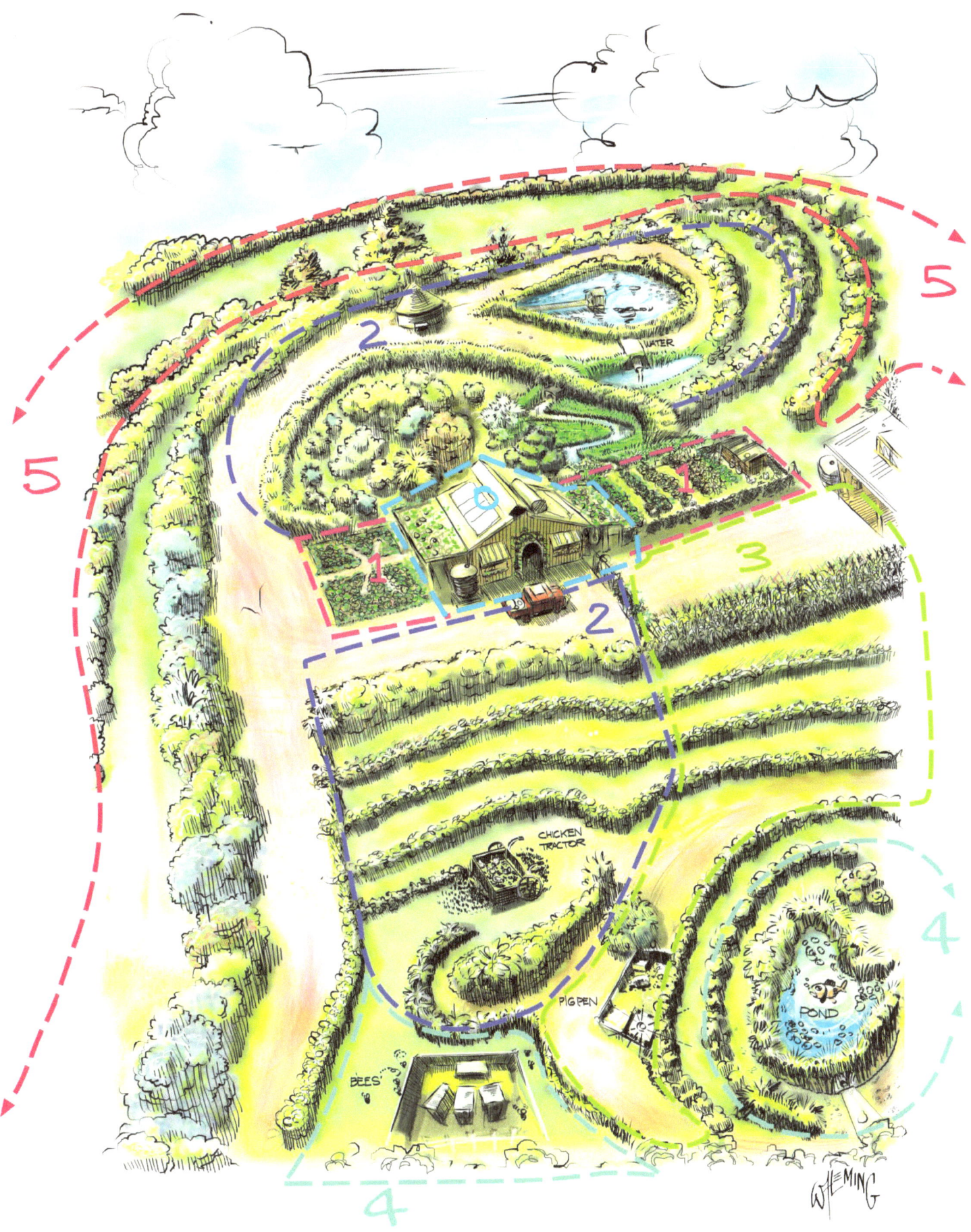

PROJEKTOWANIE PERMAKULTUROWE | 51

Losowe Przyporządkowania

Losowe przyporządkowania zawierają listę możliwych elementów wraz z listą możliwych między nimi zależności. Mając takie dwie listy, łączymy elementy i zależności losowo. Losowość symuluje metodę, jakiej przyroda używa w procesie ewolucji.

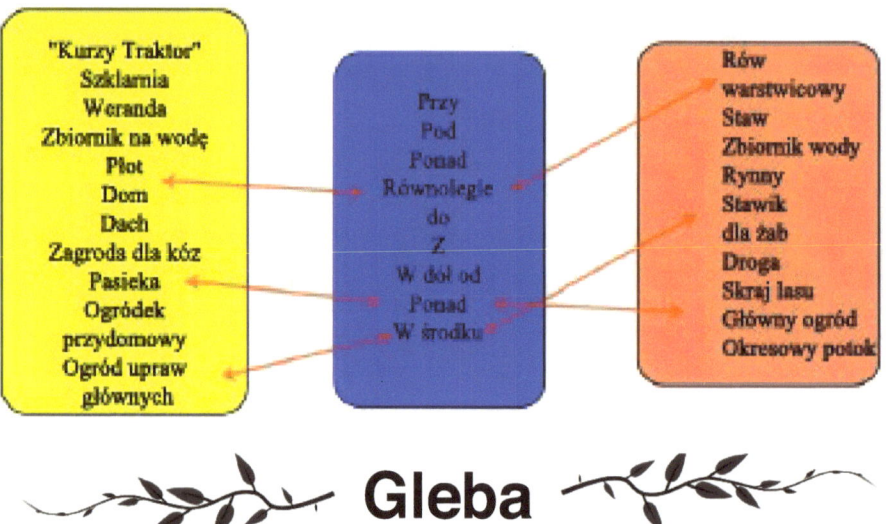

Gleba

Test Słoikowy Gleby

Test słoikowy gleby jest prostą i łatwą metodą określenia proporcji piasku, iłu, gliny i materii organicznej w glebie.

(cm gliny dzielone przez cm osadu) x 100
= % gliny w glebie
Tak samo jak udział gliny możesz obliczyć udział innych frakcji.

Jeśli masz 4 cm osadu, 1 cm gliny, 1 cm iłu, 1,5 cm piasku, i 0,5 cm materii organicznej, to Twoja gleba ma 25% gliny, 25% iłu, 37.5% piasku i 12.5% materii organicznej.

Po obliczeniu możesz znaleźć typ swojej gleby na poniższym rysunku. Znajomość typu gleby jest pomocna w doborze właściwych roślin i dodatków doglebowych. Ziemia z naszego przykładu to ziemia ilasto-gliniasta.

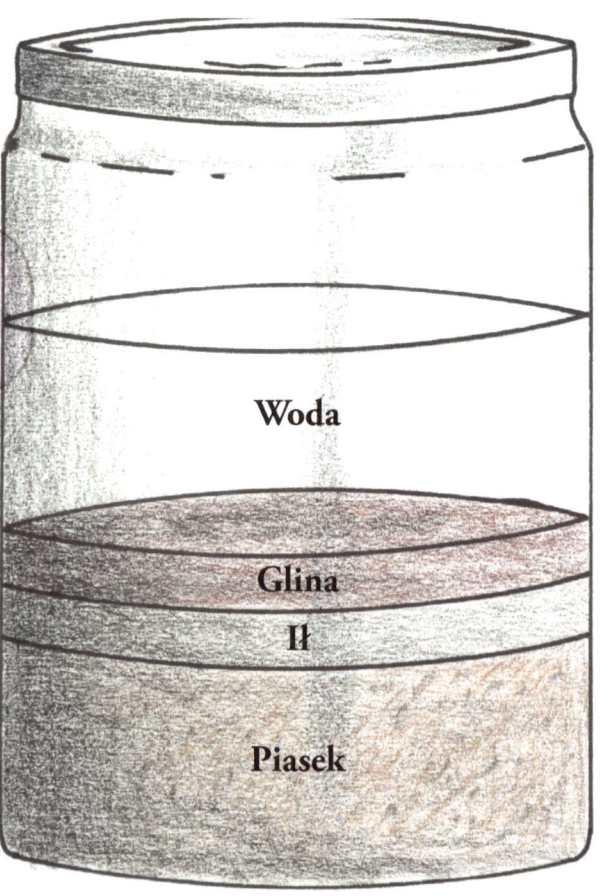

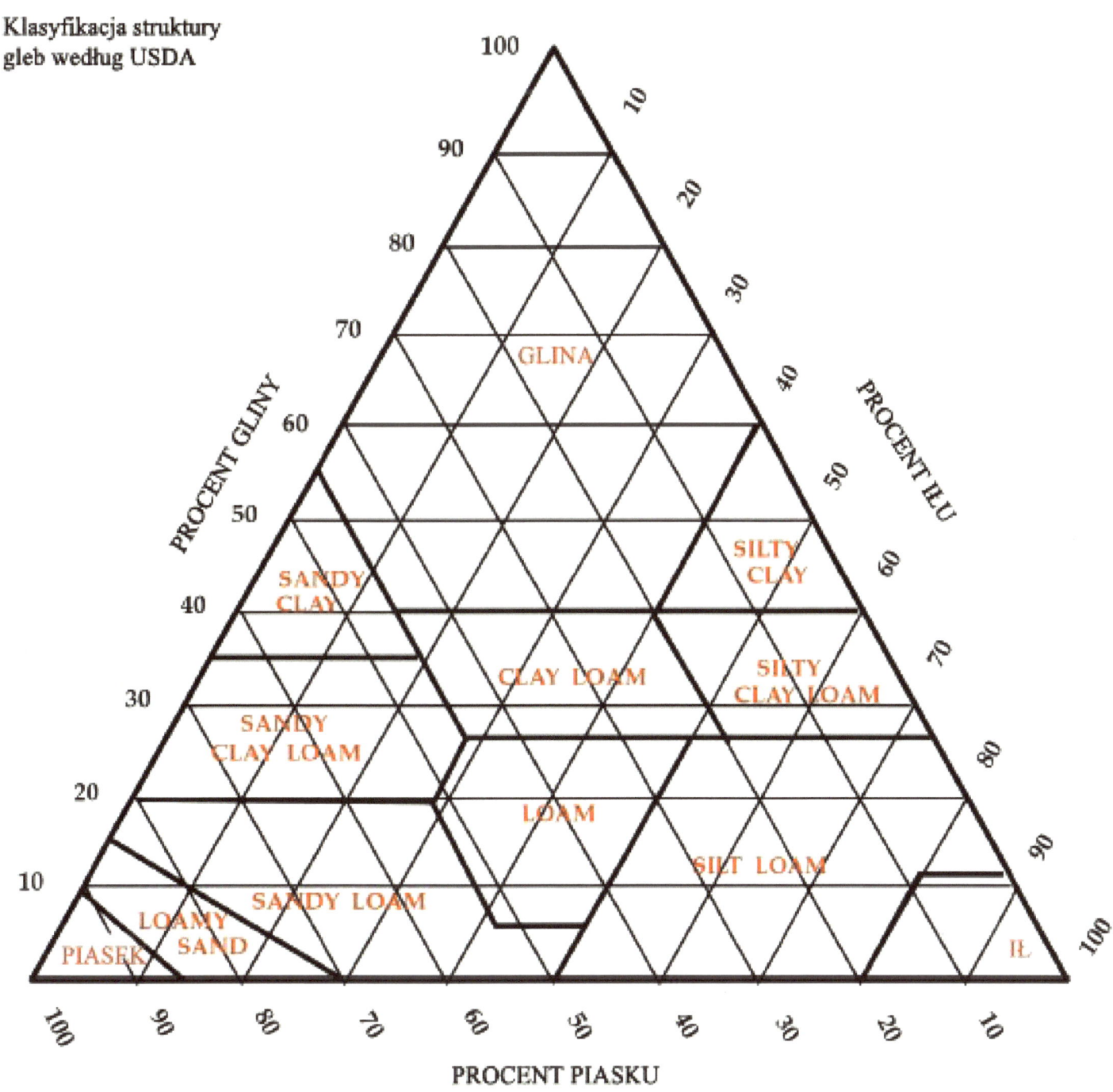

Nazwy angielskie podkategorii celowo pozostawione w oryginale

Projektowanie Permakulturowe | 53

Ziemia doniczkowa do wysiewu nasion i rozsad

Należy pamiętać, że nasiona niektórych roślin wymagają **zimnej stratyfikacji** lub **skaryfikacji** aby **wykiełkować**.

> **Ziemia doniczkowa**
> 50% **grubego piasku rzecznego**
> 50% **przesianego** kompostu
>
> **Dla roślin tropikalnych**
> 40% lub mniej piasku rzecznego
> 60% lub więcej kompostu
>
> **Drobne nasiona**
> 90% piasku
> 10% **przesianego** kompostu

Zimna Stratyfikacja: przygotowanie nasion poprzez czasowe przechowywanie w warunkach symulujących zimowe, w zimnie i wilgoci

Skaryfikacja: naruszenie osłonki nasiona dla umożliwienia dostępu powietrza i wody. Osiąga się to nacinając lub zarysowując nasiona. Dostęp wody i powietrza uzyskuje się też czasami przez moczenie w gorącej wodzie lub przy użyciu ognia.

Kiełkowanie: początek wzrostu rośliny z nasiona

Gruby piasek rzeczny: duże ziarna piasku, które można znaleźć na wewnętrznym łuku rzeki, trzeszczące pod naciskiem, umożliwiające łatwy przepływ wody

Przesiany: przepuszczony przez gęstą siatkę, aby uzyskać wyłącznie drobne cząstki

Sztobry

Sztobry (odcięte fragmenty gałązek) potrzebują wilgotnego i cienistego środowiska, lecz niezbyt mokrego, aby nie gniły i aby prawidłowo rozwijały korzenie szukając wody. Warto zbudować małą szklarnię dla sztobrów, jest to łatwe i niedrogie. Można wykorzystać dowolny materiał, który przepuszcza światło i zatrzymuje wilgoć. Niektórzy wykorzystują do tego celu nawet torby foliowe nakładane na doniczki. Glebę w doniczkach powinien stanowić w całości gruby rzeczny piasek.

Sztobry z miękkiego lub półtwardego drewna zwykle ukorzeniają się po 3-4 tygodniach. Sztobry z twardego drewna mogą wymagać wielu miesięcy, nawet do roku. Sztobry przesadzamy, gdy korzenie mają około 2,5 cm długości. Podlewamy tylko rozcieńczonym sokiem z hodowli dżdżownic lub tzw. herbatką z kompostu.

Gliniane Kule Nasienne

Masanobu Fukuoka odkrył ponownie tą antyczną metodę wysiewu nasion obtoczonych w glinie i nawozie, w ramach własnych prac nad rolnictwem w stylu "nicnierobienia". Wymieszaj dokładnie składniki i uformuj z nich kulki, wysusz na słońcu.

Przepis
1 część nasion
3 części kompostu lub nawozu
5 części gliny
1 do 2 części wody

Ściółkowanie Warstwowe

Ściółkowanie warstwowe jest techniką budowania gleby, gdzie karton, gazety, papier, nawóz zwierzęcy, materia organiczna są układane warstwami na sobie, aby przyspieszyć ten proces. Imituje on powstawanie gleb w ściółce leśnej. Taka gruba warstwa ma w sobie zawsze cały potencjał nowych gleb puszczy i jednocześnie łąki.

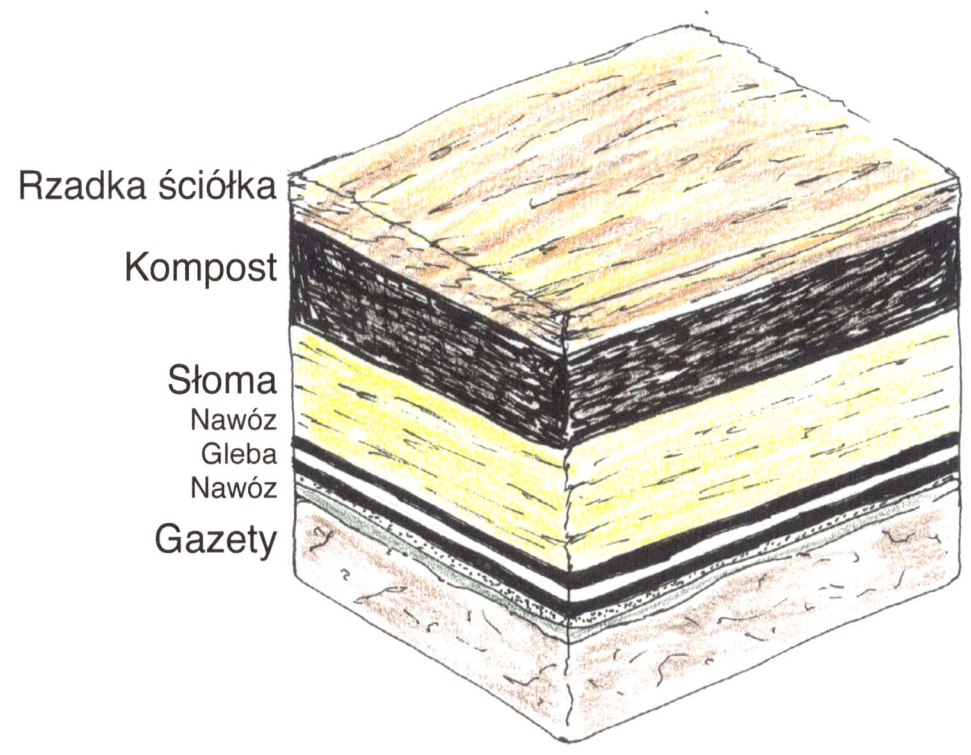

Ściółkowanie warstwowe pozwala na ciągły rozwój grzybni w warstwach zawierających rozkładającą się celulozę z tektury czy papieru. Z kolei warstwy zawierające nawóz zwierzęcy zapewniają retencję wody, obecność bakterii i azotu (N). Warstwy materii organicznej np. słomy tworzą rejony chłodniejsze, utrzymują przepływ powietrza i wilgoci, jak również stanowią źródło węgla. Wszystkie te warstwy dostarczają znacznie więcej, lecz to, co wymieniamy powyżej stanowi istotę procesu.

> Spulchnij ziemię przed ściółkowaniem przy użyciu grabi lub motyki, aby otworzyć dostęp dla powietrza i wilgoci. Następnie dodaj warstwami, od dołu do góry:
>
> - dodatki glebowe, jeśli potrzebne
> - 2 cm nawozu zwierzęcego
> - 0,5 – 1 cm gazet lub tektury
> - 2-5 cm nawozu zwierzęcego
> - 15-25 cm substancji organicznej, na przykład słomy, suchych liści lub innych bogatych w węgiel odpadów roślinnych wolnych od allelopatii
> - 2,5 – 5 cm kompostu
> - Cienka warstwa wolnej od nasion ściółki, aby osłonić posiane nasiona, zapobiec ich przemieszczaniu podczas podlewania i aby ukryć je przed drapieżnikami
>
> Z czasem ściółkę należy uzupełniać, jeśli jednak rośliny w niej rosnące same mogą dostarczać surowca, wymaga to mniej pracy i dzięki temu projekt jest lepszy. Żywokost, roślina wieloletnia, jest specjalistą w gromadzeniu minerałów, dzięki głębokim korzeniom. Sadzenie żywokostu wokół drzew owocowych zapewnia łatwe ściółkowanie i zdrowsze owoce.

Kompost

Kompost to ciemna, bogata, kleista, czarnobrązowa, wiążąca glebę materia organiczna złożona z cząsteczek węgla o długich łańcuchach, które łączą się z różnorodnymi innymi cząsteczkami w jeszcze dłuższe łańcuchy. Jest to bogata w życie materia organiczna w najbardziej podstawowej formie. Kompostowanie polega na rozkładzie materii organicznej do takich właśnie łańcuchów w procesie dekompozycji.

Kompost jest niezwykle użyteczny. Możesz dodawać go pod sadzonki, pod rosnące już rośliny, jako wierzchnią warstwę nowych grządek, oraz w herbatkach kompostowych. Długie łańcuchy węglowe kompostu utrzymują minerały i substancje odżywcze dla roślin. To daje zdrowsze rośliny, a dzięki temu mamy zdrowszy pokarm dla ludzi i zwierząt.

"Jeśli coś żyło, może żyć znowu … w kompoście"
-Geoff Lawton

Gorący kompost

Każdy gorący kompost ma dwa podstawowe elementy, które wchodzą w reakcję: węgiel (C) i azot (N). Materiały o wysokiej zawartości węgla, często zwane "brązowymi", to słoma, zrębki, papier czy suche liście. Nawóz zwierzęcy dostarcza azotu niezbędnego w procesie kompostowania. Najlepszą proporcją aby kompost osiągnął właściwą intensywność przemian i temperaturę, jest proporcja 25 części węgla do 1 części azotu. Wysoka temperatura oznacza, że mikroorganizmy pracują intensywnie nad rozkładem poszczególnych składników do jednolitego kompostu. Idealna temperatura wewnątrz pryzmy kompostowej to 55-65°C. Taka temperatura zabija szkodliwe mikroby, patogeny i nasiona chwastów. Gdy pryzma rozgrzewa się zbyt mocno, przychodzi czas na przerzucenie jej, aby z lekka ją schłodzić. Regularne przerzucanie (umieszczanie warstw zewnętrznych w środku, a wewnętrznych na zewnątrz) pomaga napowietrzyć kompost, co przyspiesza proces przemian w pryzmie. Gdy w pryzmie zaczynają zachodzić przemiany beztlenowe, wydziela ona przykry zapach i oznacza to brak dopływu tlenu. Przemiany aerobowe (tlenowe) dają zapach gleby, pozbawiony woni gnicia.

> **Dekompozycja:** proces rozkładu
> **Mikroby:** maleńkie żywe organizmy widoczne tylko pod mikroskopem
> **Jednolite:** wyglądające tak samo

Kompost w 18 Dni Metodą Berkley

Osiemnastodniowa metoda kompostowania, opracowania na Uniwersytecie Kalifornii - Berkley, jest szybką i niezawodną metodą tworzenia wysokiej jakości kompostu ogrodowego. Minimalna objętość pryzmy to jeden metr sześcienny. Pryzma musi być wystarczająco gorąca. Poza materiałami bogatymi w węgiel (brązowymi) oraz nawozami zwierzęcymi, wykorzystujemy materiały zielone, czyli świeżą ściętą trawę lub chwasty. Dodaje to różnorodności biologicznej do procesu kompostowania. Martwe zwierzęta, żywokost, pokrzywy lub stary kompost dodaje się do środka pryzmy w celu zainicjowania procesu kompostowania. Przyspiesza to rozgrzewanie się pryzmy i zwiększa urozmaicenie mikrobiologiczne w gotowym kompoście.

> **Kompost Berkley**
> 1/3 materiałów bogatych w węgiel (rozdrobnionych)
> 1/3 materiałów zielonych
> 1/3 nawozów zwierzęcych

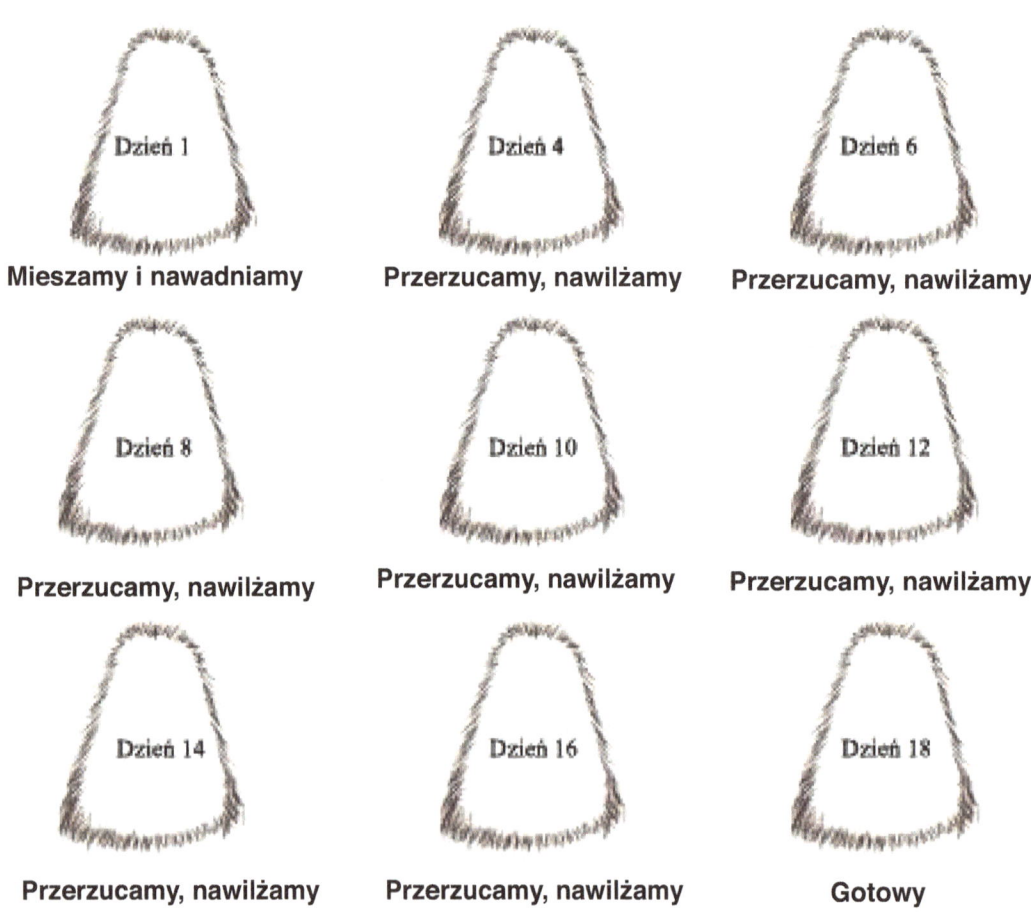

Kompost 18-dniowy metodą Berkley

Gdy wszystkie składniki są przygotowane, zaczynamy układać pryzmę od ułożenia warstwy bogatej w węgiel (aby zapewnić pryzmie wentylację). Po ułożeniu pryzmy, nawadniamy ją do momentu, gdy woda zacznie z niej wyciekać, a następnie przerzucamy co kilka dni, według kalendarza. Upewnij się, że jest ona równomiernie wilgotna we wszystkich miejscach, można też pryzmę nawadniać warstwami w trakcie budowania. Pryzma jest poprawnie nawodniona, gdy po ściśnięciu garści materiału wypływa zaledwie kilka kropli.

Herbatka Kompostowa

Herbatka kompostowa jest płynną formą odżywiania gleby, a nie nawozem dla roślin. Sporządza się ją umieszczając kompost w siatkowym woreczku, zanurzonym w pojemniku z wodą i napowietrzanym przez 12-48 godzin. W tym czasie organizmy glebowe oddzielają się od cząstek gleby i mnożą się. Produktem końcowym jest bogata w aerobowe organizmy żywe ciecz, która przywraca życie zdegradowanym glebom i pomaga roślinom rosnąć. Istnieje wiele sposobów budowy urządzeń do produkcji herbatek kompostowych i wiele receptur sporządzania roztworów, w zależności od tego, czego gleba i rośliny potrzebują, ale podstawowymi elementami są zawsze kompost w worku z siatki, zbiornik wody i napowietrzanie (na przykład pompką do akwarium) oraz pokarm dla mikrobów taki jak melasa. Niektórzy dodają wodorosty, pierwiastki śladowe i inne dodatki dla mikroorganizmów mające zwiększyć ilość składników odżywczych i minerałów w ich herbatkach kompostowych.

Gdy herbatka jest gotowa, musi być użyta w ciągu 6-8 godzin. Należy ją rozcieńczyć w proporcji 1 do 2-3, do koloru słabej herbaty. Z reguły stosuje się ją jednokrotnie w danym sezonie wegetacyjnym.

Kompostowanie z użyciem dżdżownic

Kompostowanie z użyciem dżdżownic to system niewymagający stałego nadzoru. Sprawdza się doskonale w kompostowaniu stale powstających resztek kuchennych.

Hodowlę dżdżownic można prowadzić w dowolnym pojemniku, musi on tylko mieć odpływ u dołu. Dno w środku jest wzniesione tak, aby nawóz i kompost nie dotykały spodu. Oddzielamy je od dna płótnem lub siatką napiętymi na ramce lub żwirem, co pozwala na odsączanie płynów

Gdy ramka lub żwir są na miejscu, ułóż na nich cienką warstwę suchej słomy lub liści, a następnie wypełnij pojemnik do połowy nawozem zwierzęcym i dodaj dżdżownice. Dopełnij pojemnik odpadami kuchennymi i uzupełniaj je regularnie. Dżdżownice strawią odpady i przekształcą je w odchody. Odchody dżdżownic zawierają doskonałe bakterie, które mogą być dodawane do gleby przez cały sezon, a zwykle po trzech miesiącach cały pojemnik zawiera gotowy ogrodowy kompost.

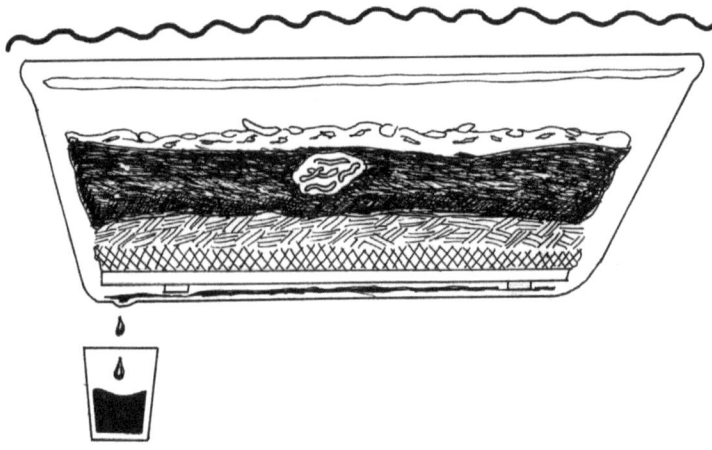

Bionawóz

Bionawóz to nawóz dla roślin i gleby powstający w wyniku procesu fermentacji beztlenowej. Jest on szczególnie przydatny w zaopatrywaniu roślin i gleb w minerały. Istnieje wiele sposobów jego wytwarzania.

Połącz wszystkie składniki w 200 litrowej beczce. Połącz szczelnie rurkę powietrzną z pokrywą beczki. Drugi koniec rurki umieść w butelce lub w innym naczyniu wypełnionym wodą. Naczynia tego nie należy uszczelniać. Gdy zawartość beczki fermentuje, gazy wychodzą przez rurkę i wydostają w formie bąbelków. Po upływie trzech miesięcy beczka zawiera złotawy płyn, który można przechowywać bezterminowo. Płyn przed podaniem pod rośliny lub do gleby należy rozcieńczyć z wodą w proporcji 1:20.

> **Bionawóz**
> 10 kg treści krowich przedżołądków lub świeży nawóz zwierzęcy
> 10 litrów melasy
> 2 litry mleka
> 5 litrów glonów morskich
> 1 kg drożdży
> 1 kg podwójnie palonych, zmielonych kości

 # Rośliny

Siekaj i Upuść (Chop & Drop)

"Siekaj i upuść" to prosta technika dająca ogromne korzyści. Gdy wyrywamy chwasty i usuwamy je, usuwamy również składniki odżywcze których potrzebuje gleba, a które chwasty w sobie zgromadziły. Gdy natomiast posiekamy je i zostawimy na miejscu, przyspieszamy naturalny proces odnowy gleby. Im drobniej posiekamy, tym większa powierzchnia styku z glebą i szybszy rozkład.

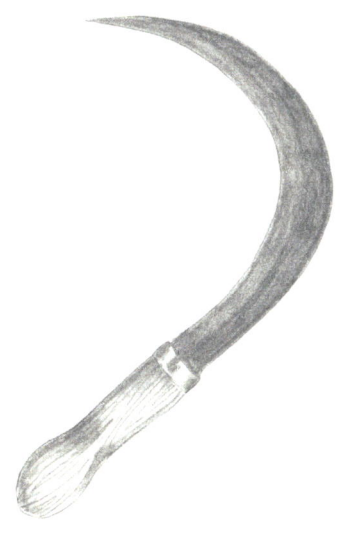

Motylkowe

Rośliny motylkowe akumulują azot w glebie. Motylkowe wzbogacają glebę tak, aby inne rośliny mogły żyć. Znamy różne rodzaje motylkowych, występujące we wszystkich piętrach puszczy. Są to rośliny szybko rosnące, często zwane "chwastami". Drzewa motylkowe mogą być specjalnie przycinane i **ogławiane** bez szkody dla nich.

PROJEKTOWANIE PERMAKULTUROWE | 61

Rośliny motylkowe możemy wykorzystywać na wiele sposobów. Mogą przygotowywać glebę pod ogród jako **rośliny okrywowe**. Mogą stanowić **gatunki wspierające** w leśnym ogrodzie. Mogą stanowić pokarm dla zwierząt i ludzi. Ich drewnem można również palić w piecach. Stanowią również doskonałą ściółkę.

Budząca kontrowersje jako wiążąca azot z powietrza glediczja trójcierniowa, sprawdziła się w tej roli w sadach Les Fermes Miracle Farms w Quebec, w Kanadzie. Ot-worzyło to debatę i pole do badań nad roślinami, które wiążą azot z powietrza w sposób prymitywny, nie posiadając bakterii brodawkowych, jakie posiadają rośliny motylkowe takie jak akacje, robinie czy karagany.

> **Ogławianie:** przycinanie najwyższych gałęzi, aby stymulować wzrost do góry
> **Roślina okrywowa:** roślina uprawiana aby przykryć i użyźnić glebę
> **Gatunek wspierający:** zwierzę lub roślina które wspierają istnienie innego zwierzęcia lub rośliny

Gildie Roślinne

Gildia roślinna to grupa roślin, które dobrze ze sobą współpracują. Poprawiają one nawzajem swoje funkcje i chronią się wzajemnie. Szczegóły o takich powiązaniach znajdziemy na listach korzystnego sąsiedztwa roślin, możemy też sami odkryć takie powiązania w naszym ogrodzie.

Ogród Leśny

Ogród leśny to zadrzewiona przestrzeń zaprojektowana tak, aby imitować naturalny proces powstawania lasu. Korzystając z roślin motylkowych, "siekaj i upuść", gildii roślinnych, warstw lasu oraz rowów warstwicowych możemy bardzo szybko założyć ogród leśny, który będzie trwał setki, jeśli nie tysiące lat.

Początkowo 90% naszych nasadzeń stanowią gatunki wspierające, a 10% drzewa produkcyjne, gdy jednak ogród leśny osiągnie szczyt wzrostu, będzie zawierał 10% gatunków wspierających i 90% produkcyjnych.

Szybka Sukcesja Ekologiczna

Okrywowe rośliny motylkowe - 6 miesięcy
Małe krzewy motylkowe - 4-5 lat
Średnie drzewa i krzewy motylkowe - 10-15 lat
Trwałe drzewa motylkowe - 15-30 lat

Motylkowe przyspieszają sukcesję oraz odżywiają inne rośliny i glebę. Pozwala to zmniejszyć nakłady pracy i wcześniej uzyskać plon.

"Sieć i Dołek"

"Sieć i dołek" to system sadzenia drzew na suchych i stromych zboczach. Drzewka są sadzone w **zagłębieniach** ("dołek") w glebie, połączonymi ze sobą siecią rowków ("sieć"). Tworzy to system zbierający wodę deszczową i dostarczający ją do posadzonych w dołkach gildii, a wraz z wodą niesione są też składniki odżywcze i ściółka.

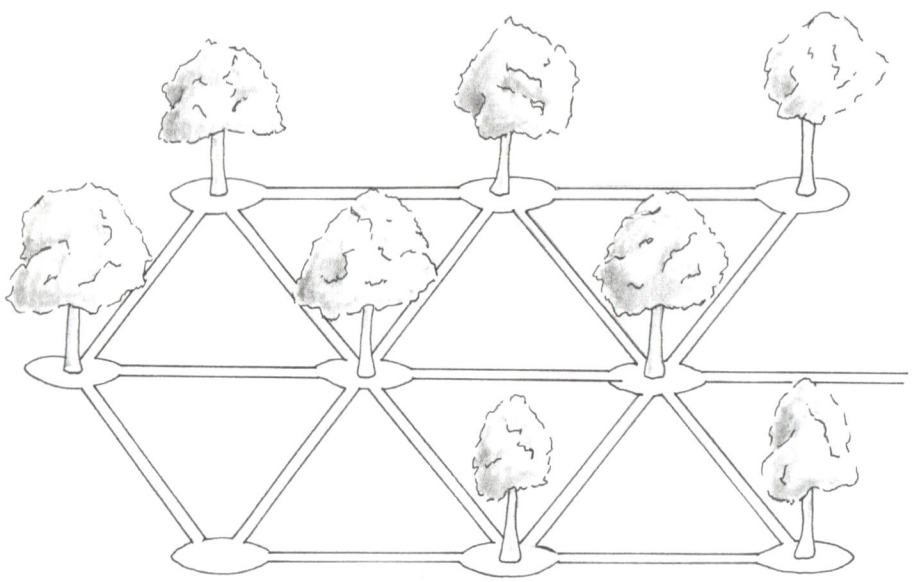

Masowe nasadzenia

Selekcja roślin przez masowe nasadzenia jest jedną z form rozrodu roślin. Gdy sadzimy jakąś roślinę w bardzo dużych grupach, dostrzec możemy pełnię **zmienności genetycznej** możliwej dla danego gatunku. Ułatwia to znalezienie pożądanych **cech**, nawet gdy można je znaleźć u jednej z tysiąca roślin. Prawdopodobieństwo natrafienia na rzadkie cechy genetyczne rośnie wraz ze wzrostem populacji roślin.

Selekcja pod kątem pożądanych cech musi być prowadzona ostrożnie. Hodowca powinien selekcjonować pod kątem nie więcej niż dwóch cech jednocześnie. Pierwszymi dwoma cechami selekcji powinny być wczesne plonowanie i **wigor**.

> **Zagłębienie:** niżej położony teren
> **Zmienność genetyczna:** różnorodność form genetycznych
> **Cechy:** charakterystyka
> **Wigor:** siła i doskonałe zdrowie

Osłony od wiatru

Osłony od wiatru chronią przed jego wpływem i mogą być wykonane z dowolnych materiałów. Rzędy odpornych drzew tworzą efektywne i trwałe osłony. Płoty, żywopłoty i wały ziemne też mogą służyć do tego celu. W miejscach gdzie wieją silne wiatry rola osłon jest bardzo ważna.

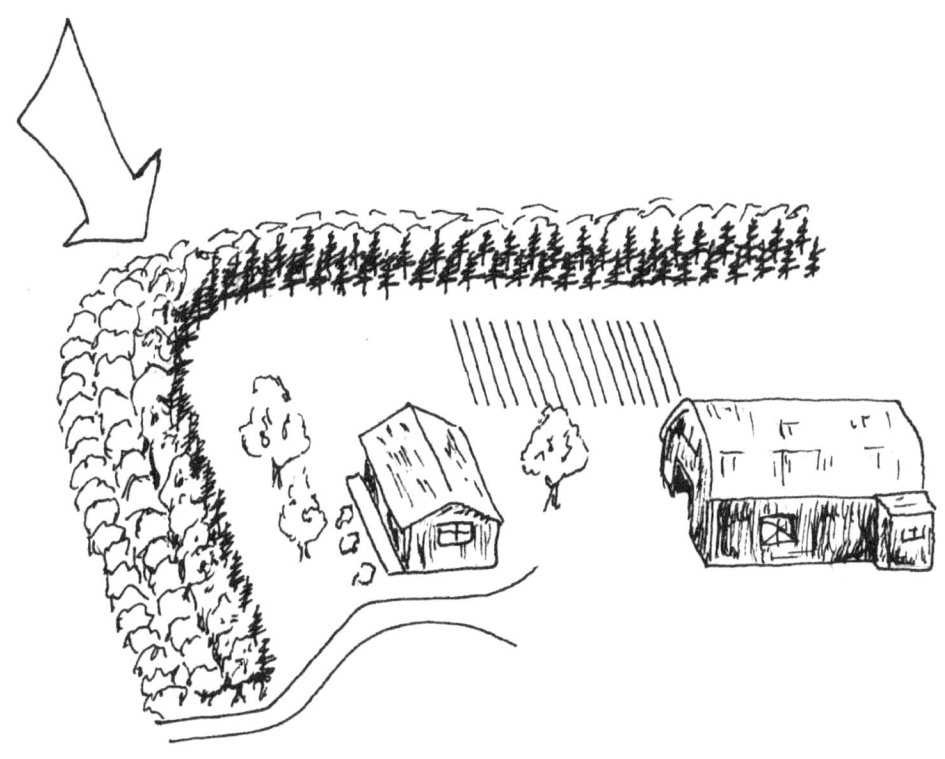

Mikroklimaty

Mikroklimaty można projektować, poszerzając dzięki temu możliwości uprawne danego terenu. Możliwości tworzenia mikroklimatów są nieograniczone. Skały i stawy wchłaniają energię słoneczną i oddają ją długo po zachodzie słońca. Odbijają również promienie słoneczne w stronę innych obiektów. Osłony od wiatru ograniczają jego chłodzący lub grzejący wpływ. Usytuowanie w kierunku Słońca zapewnia maksimum energii potencjalnej, jaką można uzyskać w danym miejscu, ale w terenach gorących cień jest również pożądany. Mikroklimaty to manipulacje energią docierającą na dany teren.

Zwierzęta

Naprzemienny Wypas

Naprzemienny wypas to technika wypasu zwierząt, która poprawia zdrowie gleby, pastwiska oraz zwierząt. Zwierzęta przebywają na danym obszarze jedynie krótki czas, po czym zmienia się pastwisko. Zmniejsza to ubicie gleby, poprawia wzrost roślin, zapobiega wyeksploatowaniu pastwiska i spożywaniu roślin, które nie są zdrowe dla zwierząt. Ponieważ zwierzęta wybierają najpierw te rośliny, które są dla nich korzystne, ich zdrowie i wartości odżywcze z czasem ulegają poprawie.

Kurzy Traktor

Kurzy traktor to przenośne siedlisko dla drobiu, które umożliwia jego wypas. Przypomina naprzemienny wypas, ale zamiast przenosić wyłącznie zwierzęta, całą konstrukcję przenosi się wraz z nimi.

Metodę tą można stosować nie tylko w odniesieniu do drobiu, ale też w chowie krów, świń, owiec, kóz i królików, ale oczywiście mniejsze zwierzęta wymagają mniejszych konstrukcji, łatwiejszych do przemieszczania. Częściej więc stosuje się naprzemienny wypas dla zwierząt dużych, a traktor dla mniejszych. Zwierzęcy traktor działa najlepiej na płaskich i wyrównanych terenach, można jednak wprowadzać adaptacje pozwalające przystosować go do każdych warunków.

Mineralizacja Gleb przez Żywienie Zwierząt

Remineralizacja gleb przy użyciu zwierząt jest jednym z najlepszych sposobów na naturalne i efektywne uzupełnienie minerałów w glebie. Kompostowanie zwierzęcych odchodów i stosowanie takiego kompostu w ogrodzie prowadzi do wyższej zawartości składników odżywczych w żywności. Większość naszej żywności zawiera niedostateczną ilość składników odżywczych, ponieważ na to samo cierpi gleba, w której rośliny rosną. Możemy poprawić jakość obu poprzez remineralizację gleby.

Receptura Mineralizującej Paszy dla Zwierząt

2.5 g/.5 łyżeczki siarczanu miedzi rozpuszczonego w gorącej wodzie – zabija pasożyty jelitowe

15 g/1 łyżka stołowa dolomitu dla zwierząt – neutralizuje trujący efekt siarczanu miedzi

15 g/1 łyżka stołowa siarki – zmienia pH aby zneutralizować zasadowość dolomitu

15 g/1 łyżka stołowa wodorostów morskich – uzupełnia minerały z wody morskiej

15 g/1 łyżka mączki bazaltowej – uzupełnia minerały ze skał

64 g/.5 szklanki ekologicznego octu jabłkowego - zakwasza

Wymieszać z paszą dla przeżuwaczy i melasą

Akwakultura

Akwakultura to hodowla zwierząt wodnych oraz kultywacja roślin wodnych z przeznaczeniem na żywność. Systemy akwakulturowe mogą być 30 razy bardziej wydajne niż lądowe. Im większy zbiornik wodny, tym bardziej stabilne warunki w nim panują, a w związku z tym wymaga on mniej nakładów pracy na utrzymanie, ale więcej pracy przy zbiorach. Rośliny wodne stanowią doskonałą ściółkę. Potrafią zatrzymywać znacznie więcej wody niż rośliny lądowe, niekiedy czterdziestokrotnie więcej niż same ważą.

Wodny: którego środowiskiem jest woda
Kultywacja: proces hodowli

Łańcuch Życia w Akwakulturze
- Glony
- Zooplankton
- Skorupiaki
- Ryby

Piętra Roślin Wodnych
- Rośliny nadbrzeżne
- Rośliny wód płytkich
- Rośliny wód głębokich
- Rośliny pływające

Chinampy

Chinampy są najżyźniejszymi i najbardziej produktywnymi systemami produkcji żywności. Przez połączenie akwakultury i uprawy roślin wieloletnich wzmagające efekt krawędzi, systemy te pozostają żyzne przez wieki. Gdy Hiszpanie w trakcie podboju Ameryki dotarli pierwszy raz do Doliny Meksykańskiej, ujrzeli niezwykłą sieć kanałów wodnych z roślinami uprawnymi i pasami wysp między nimi. Pasy lądu utrzymywane były przez płoty i drzewa takie jak wierzby i cyprysy.

Chinampa to wykop, gdzie ziemia jest odkładana na sąsiedni pas, co pogłębia wodę i jednocześnie podwyższa ląd. Gdy ląd wynurzy się ponad wodę, gleba zaczyna obsychać. Gleba wydobyta z dna zbiornika wodnego jest pozbawiona powietrza i panują w niej warunki beztlenowe, wymaga więc czasu aby pojawiły się w niej organizmy tlenowe. Płytkie morskie obszary przybrzeżne mają bardzo żyzne gleby, produkcja żywności w chinampach jest więc bardzo wydajna. To również doskonały przykład efektu krawędzi. Ponieważ praktycznie cały system jest krawędzią, interakcje międzygatunkowe wzrastają niepomiernie. Gleba jest wciąż wzbogacana, co daje dużo wyższe plony.

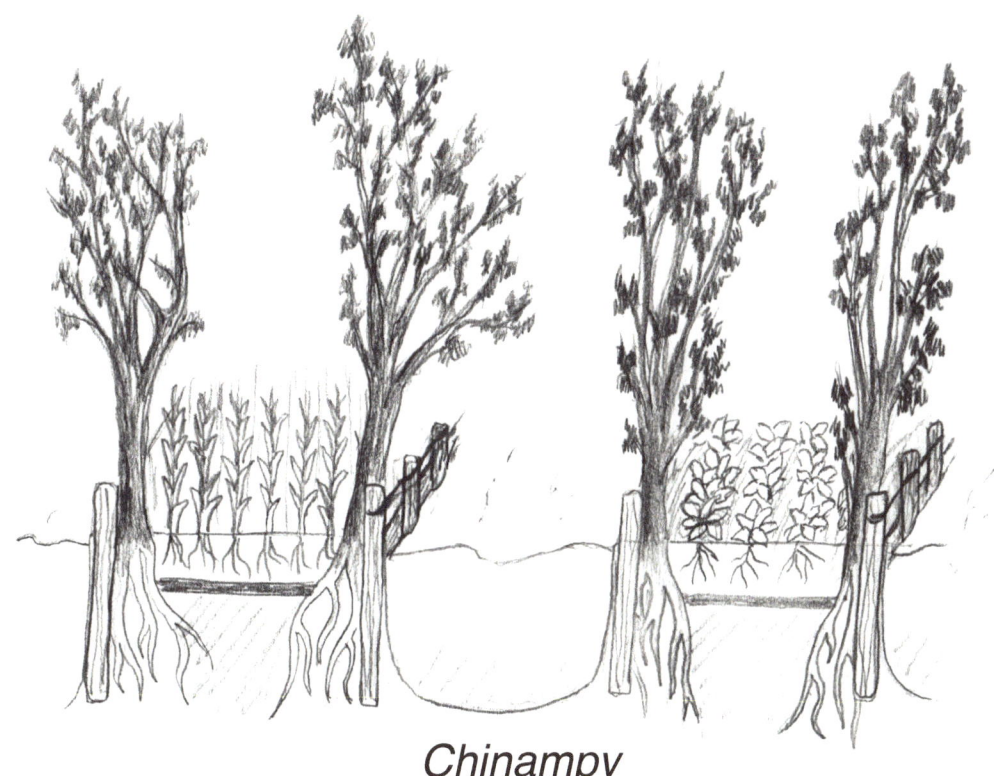

Chinampy

Stawy

Stawy utrzymują wodę i tworzą zróżnicowane ekosystemy, które mogą bardzo szybko podnieść żyzność i zwiększyć plony na danym terenie. Połączenie systemu stawów z systemem lądowym otwiera jeszcze więcej potencjalnych możliwości.

Ryby pobierające pokarm roślinny takie jak amur czy tilapia, mogą być żywione roślinami rosnącymi w stawie lub na jego brzegach. Mogą same znajdować swoje pożywienie, a ich odchody zasilają w ciągłym cyklu wzrost roślin.

Akwaponika

Hydroponika: uprawa roślin w żyznej wodzie, bez gleby

Akwaponika to system hydroponicznej produkcji roślin i ryb, gdzie odchody ryb są filtrowane przez rośliny. Zanieczyszczona woda jest pompowana cyklicznie do koryt wypełnionych żwirem, w których rosną rośliny, a następnie oczyszczona powraca do zbiornika z rybami. Istnieje wiele odmian takiego podstawowego modelu akwaponiki. Jeśli hodujesz rośliny którymi można żywić ryby, to ryby i rośliny będą się żywić wzajem-nie w nieskończoność (pod warunkiem, że działa Twój sprzęt!).

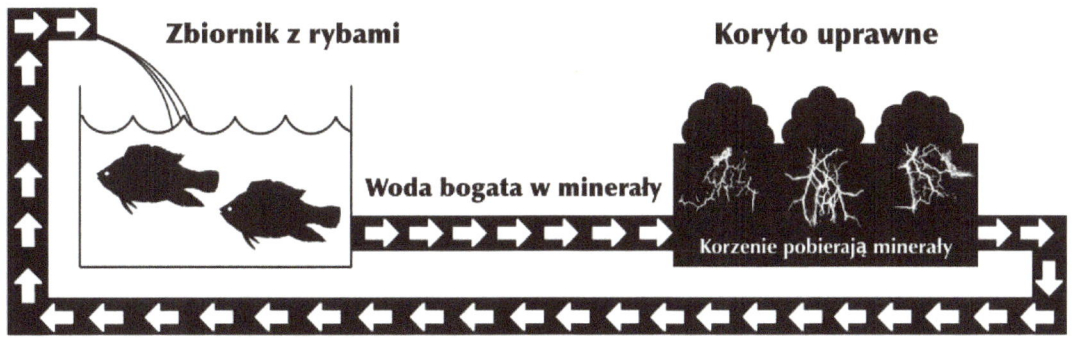

Prace Ziemne

Prace ziemne stanowią manipulacje terenem w sposób umożliwiający przechwycenie większej ilości bezpośredniej i potencjalnej energii.

Hugelkultura

Hugelkultura, czyli z niemieckiego uprawa na kopcach to forma podwyższonej grządki ogrodowej, która imituje cykle zachodzące w lasach. Podobnie jak puszcza rośnie na powalonych drzewach, tak rośliny w hugelkulturze rosną na martwych pniach ułożonych pod warstwą gleby i ściółki. Pnie w środku kopca utrzymują wilgoć, a w procesie rozkładu wydzielają ciepło. Związki węgla i azotu są stopniowo uwalniane do gleby i pobierane przez rośliny rosnące na hugelkulturze. Hugelkultury zwykle mają stronę nasłonecznioną i zacienioną. Pomaga to w doborze roślin i zróżnicowaniu ich w zależności od tego, czy wolą więcej słońca, czy cienia.

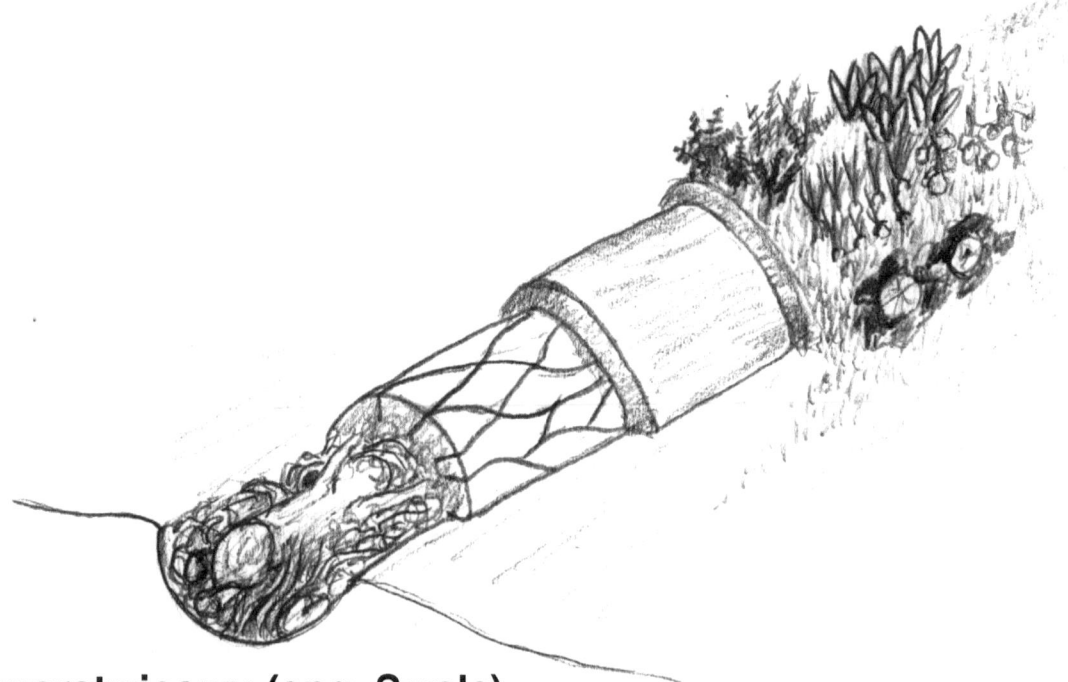

Rów warstwicowy (ang. Swale)

Rów warstwicowy to rów wykopany idealnie w poziomie (na warstwicy) po to, aby pasywnie zatrzymywać wodę w danym terenie. Może być wykopany ręcznie łopatą, lub przy użyciu koparki. Wielkość rowu nie zmienia jego funkcji polegającej na absorpcji wody. Po wyznaczeniu linii poziomej w terenie przy użyciu dowolnych przyrządów i oznaczeniu jej wbitymi w ziemię kołkami, usuwa się glebę w górę od tej linii, usypując wał w dół od niej. Spadek stoku powyżej rowu powinien być taki sam, jak spadek poniżej wału.

Rowy warstwicowe zatrzymują wody opadowe i zmuszają je do wsiąkania w podłoże dzięki temu, że są idealnie poziome i płaskie, a wały gleby poniżej nich są nieubite. Rowy przy intensywnych opadach mogą napełniać się wodą, należy więc dla bezpieczeństwa przewidzieć **przelew** nadmiaru wody.

> **Przelew:** fragment ubitej gleby niżej od szczytu grobli czy rowu warstwicowego, którym nadmiar wody odpływa bezpiecznie nie powodując erozji. Stosuje się zawsze tak zwane poziome przelewy parapetowe, po których woda płynie bardzo płytko.

Rowy warstwicowe to systemy sadzenia drzew, które powinny zostać obsadzone roślinami natychmiast po zakończeniu prac ziemnych, aby zapobiec erozji. Większość roślin stanowią zwykle rośliny motylkowe, ale można również stosować dowolne inne rośliny wiążące azot z powietrza. Pomiędzy roślinami wiążącymi azot sadzimy wartościowe rośliny użytkowe takie jak drzewa owocowe, dające orzechy lub cenne drewno. Rośliny motylkowe będą rutynowo przycinane aby odżywiać cenne gatunki pod postacią ściółki, jak również poprzez proporcjonalne do cięć obumieranie korzeni, uwalniających do gleby związki zarówno węgla jak i azotu. Mniejsze rośliny z czasem znikną lub rosnąć będą wyłącznie na krawędziach, a duże drzewa motylkowe pozostaną jako rośliny wspierające dla dużych cennych drzew owocowych, orzechów i drzew zapewniających cenne drewno. Drzewa te będą stabilizować rów przez całe pokolenia, zapewniając długotrwały cień i osłonę przed wiatrem, zatrzymując dłużej wilgoć i ciepło w glebie, pomagając tym samym budować żyzność i bioróżnorodność.

W miarę jak rozwijamy system, ujawnia on nam nowe możliwości

PROJEKTOWANIE PERMAKULTUROWE

Stawy

Woda jest cennym zasobem naturalnym. Tylko 3% światowych zasobów wody stanowi woda słodka, nie zawierająca nadmiaru soli. 75% takiej wody występuje jednak w formie lodu. Pozostałą część należy mądrze wykorzystywać poprzez dobrze przygotowane projektowanie. Permakultura zapewnia sposoby pozwalające na dłuższe utrzymanie wody na danym terenie, dla dobra naszego, i Ziemi.

"Gdzie jest woda, tam jest życie."
- Geoff Lawton

Stawy utrzymują wodę w krajobrazie. Stawy i zbiorniki zaporowe najczęściej buduje się w dolnej części dolin. Takie stawy mają największe zlewnie, ale także największy nacisk na groblę, a potencjalna energia zgromadzonej wody jest mniejsza. Grawitacja stanowi potężną siłę do wykorzystania. Stawy można oczywiście lokalizować w niższych częściach terenu, ale dobry projekt uwzględnia to dopiero wtedy, gdy cała energia spływu wód wzdłuż stoku została już wykorzystana.

Proporcja szerokości tamy czy grobli do jej wysokości powinna wynosić 3:1, dlatego też projektanci poszukują najwęższych miejsc w krajobrazie do ich budowy, aby zmniejszyć nakłady finansowe, czasu i energii.

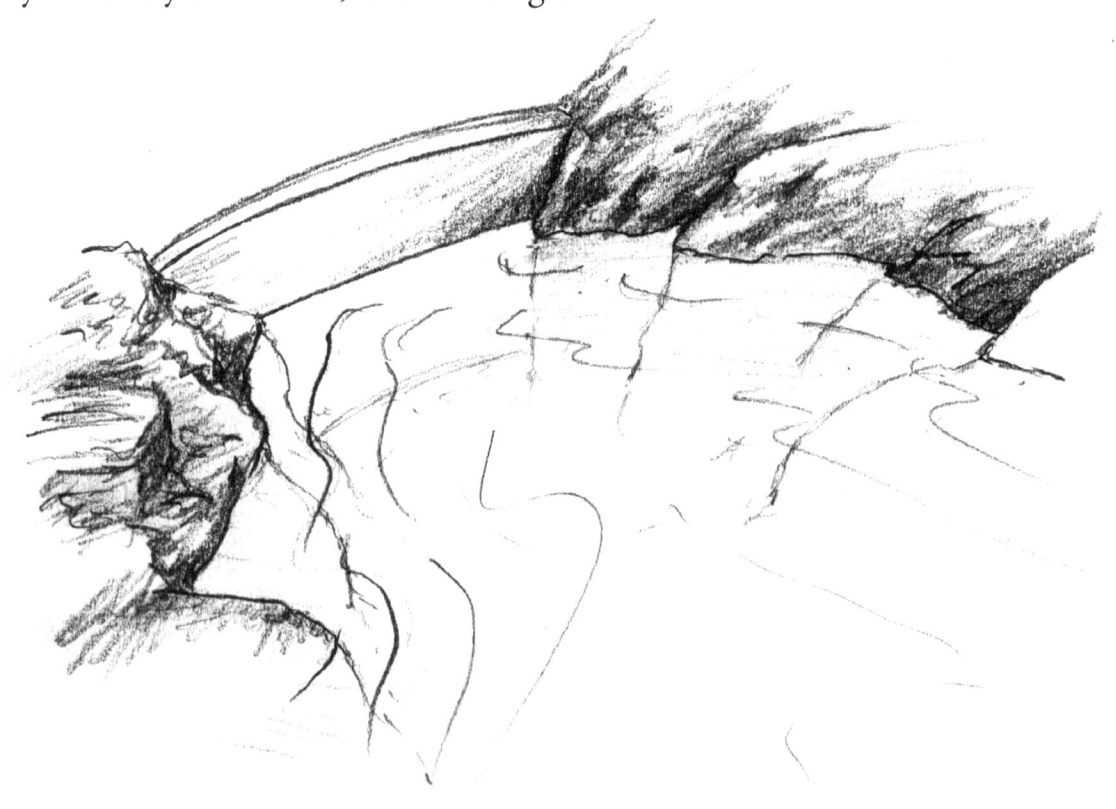

Zbiorniki ziemne
- Na równinach
- Magazynują wodę
- Woda musi być do nich pompowana

Staw warstwicowy
- Budowany nisko, na płaskim gruncie (spadek terenu <8%)
- Na warstwicy
- Płaskie dno
- Płytki
- Akwakultura

Staw w punkcie kluczowym
- Łączy zlewnie dolin, ułatwia zalesianie
- Budowany w punkcie kluczowym gdzie rzeźba terenu zmienia się z wypukłej na wklęsłą
- Często łączony z rowami warstwicowymi
- Rowy warstwicowe łączą punkty kluczowe w dolinach

Staw na grani
- Płaska część grani
- Można go łączyć z rowami warstwicowymi
- Wyższa grobla na grani

Staw siodłowy
- Na grani między dwoma wzgórzami
- Najwyżej położony staw
- Dwie groble
- Przelew w dowolnym miejscu
- Można łączyć z rowami konturowymi

Gabiony

Gabiony to druciane pojemniki, często sześciany, wypełnione kamieniami lub bryłami betonu tak, aby tworzyć groble, zapobiegać erozji, czy też służyć innym celom konstrukcyjnym. Zatrzymują one niesione przez wodę osady, a w głazach kondensuje się woda. Ta woda może tworzyć mały, stały lub okresowy strumyczek. Na bardzo suchych terenach serie gabionów zbudowane w poprzek stoku mogą stanowić jedyne źródło wody na przestrzeni wielu kilometrów. Najwyżej położony gabion może podtrzymywać strumyk przez 3 miesiące, następny niżej położony gabion przez 9 miesięcy, a ten położony najniżej już przez cały rok. Liczba gabionów potrzebnych do osiągnięcia opisanego w powyższym przykładzie efektu zależy od warunków w danym miejscu panujących.

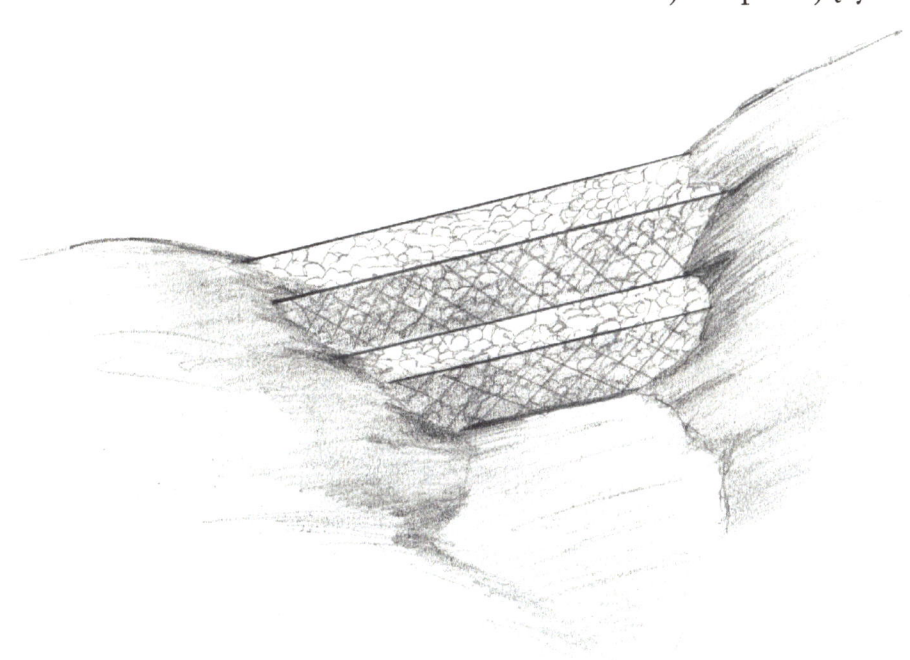

PROJEKTOWANIE PERMAKULTUROWE

 # Dla Domu

Zbieranie Wody Deszczowej

Każda twarda powierzchnia, taka jak na przykład dach, zapewnia spływ całości wody deszczowej. Stosując rynny, **system wstępnego spłukiwania** oraz zbiornik na wodę niemal całość wody deszczowej może być zebrana i wykorzystana.

> **System wstępnego spłukiwania:** pierwsze krople deszczu spłukują dach. Ten system odprowadza brudna wodę każdorazowo gdy pada, aby woda zbierana w zbiorniku była czysta.

Masowy Piec Rakietowy

Masowy piec rakietowy to taki piec, którego wydech **spalin** przechodzi przez masę akumulującą ciepło, taką jak kamień, beton, piasek czy tzw. **cob** (glina zmieszana ze słomą). Może on nagrzewać termiczną ławę, podłogę lub środkową ścianę domu. Piec rakietowy ma palenisko w kształcie litery J, pali się w nim patykami, a spalanie jest czyste. Część paleniska wznosi się pionowo, dzięki czemu grawitacja dorzuca patyki do ognia. Ciąg zasysa powietrze do paleniska, przez co płomienie układają się poziomo, co daje efekt dopalania zwanego rakietowym, gdzie spaliny stanowią paliwo w wyższej części paleniska. Ciepło powstające w tym procesie kierowane jest do masy termicznej, która je gromadzi i oddaje w formie radiacji powoli i przez długi czas. W masowych piecach rakietowych pali się przez kilka godzin dziennie, a po napaleniu mogą one ogrzewać dom przez ponad dobę, nawet w zimy w klimacie takim, jaki panuje w Montanie w USA. Piece rakietowe mogą również służyć do grzania wody, wytwarzania pary czy gotowania.

> **Spaliny:** gazy uwalniane podczas spalania lub pracy dowolnej maszyny na paliwo kopalne.
> **Cob:** naturalny materiał budowlany z wody, piasku, gliny i słomy, jest ognioodporny i łatwy do formowania w dowolne kształty.

Szklarnia

Szklarnia to struktura o szklanych lub plastikowych ścianach i dachu zaprojektowana tak, aby przepuszczać jak najwięcej światła i zatrzymywać jak najwięcej ciepła. Niekiedy jednakże w szklarni robi się zbyt gorąco i wymaga ona wentylacji.

Dobrze zaprojektowana szklarnia pozwala na uprawę roślin przez cały rok. Pozwala też hodować te rośliny, które normalnie nie rosną w danym klimacie.

Poza produkowaniem żywności, szklarnia dołączona do frontu budynku może go ogrzewać poprzez nawiew ciepłego powietrza, pod warunkiem że jest usytuowana w stronę słońca. Otwór wentylacyjny montuje się wysoko w ścianie między szklarnią a domem, gdyż ciepłe powietrze wznosi się i dzięki temu wnika pasywnie do domu.

Pawilon Ogrodowy

Pawilon ogrodowy to zacieniona struktura służąca do uprawy roślin wrażliwych na światło i ciepło w gorących porach roku lub klimatach. Może być także stosowany do chłodzenia domu, z otworem wentylacyjnym montowanym u podstawy, gdyż zimne powietrze opada.

Ogrodowe zacienione pawilony lub werandy dołącza się do domu od strony na którą nie padają promienie słoneczne i która sama z siebie jest zacieniona.

Walipini

Walipini to podziemna szklarnia. W języku Aymara, Boliwijskiego szczepu Indian, "walipini" oznacza "gorące miejsce". Rozwiązanie to korzysta z termalnej masy ziemi i właściwej orientacji budowli wobec drogi Słońca na niebie dla utrzymania roślin w cieple w niezwykle chłodnych klimatach. Dach walipini buduje się ze szkła lub plastiku, a usytuowany jest on pod kątem 90 stopni do kąta padania promieni słonecznych w najkrótszym dniu w roku, co pozwala przechwycić maksimum energii słonecznej.

Walipini stosowano do uprawy bananów w zimie, w Andach, na wysokościach ponad 2000 metrów nad poziomem morza. Walipini mogą gromadzić ogromne ilości ciepła. Wiele z nich ma specjalne kominy do odprowadzania jego nadmiaru. Grządki wykonuje się na podłożu żwirowym, aby uniknąć zalegania w nich wody. Walipini to prosty i tani system hodowli roślin w zimnych klimatach.

Wofati

Paul Wheaton, opierając się w 80% na pracach Mike'a Oehlera nad domami krytymi ziemią, zaprojektował wofati - dom kryty ziemią, do którego dochodzi bardzo dużo światła, a jednocześnie nie wymagający klimatyzacji czy ogrzewania. To rozwiązanie zatrzymuje ciepło miesięcy letnich i oddaje je w zimie. Ziemia wokół konstrukcji utrzymuje chłód w lecie, a ogrzewa w zimie. Wofati dodatkowo można zbudować bardzo szybko i tanio.

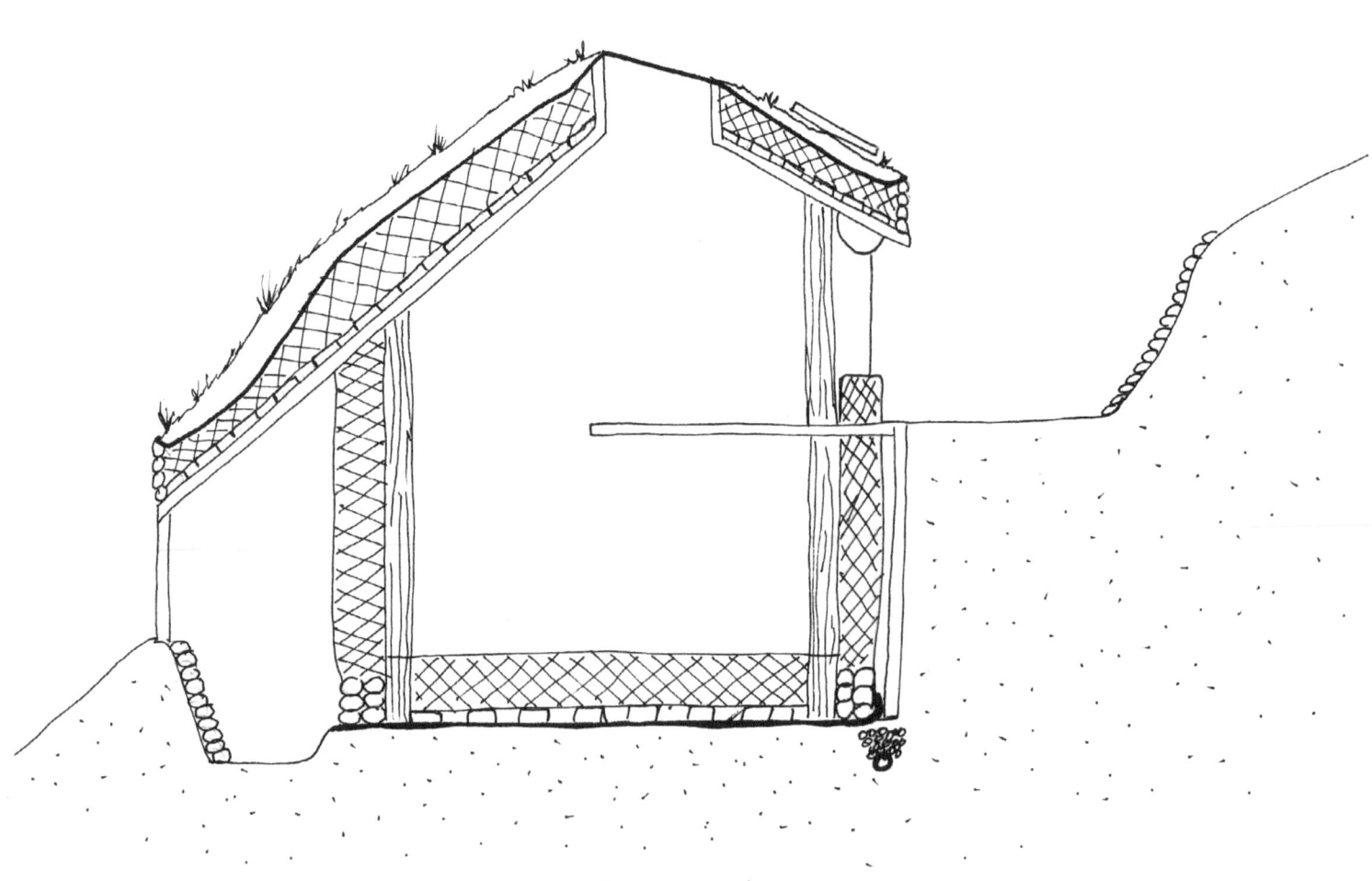

Rozdział IV

Permakultura i Przyszłość

Permakultura i Przyszłość

Gdy będziemy w stanie stworzyć symbiotyczne relacje z naturą, będziemy mogli zbudować społeczeństwo odporne na wyzwania przyszłości. Korzystając ze zdobyczy permakultury, możemy zapobiec degradacji gleb, zanieczyszczeniu środowiska, zanikaniu lasów, brakom wody, głodowi oraz konfliktom o bogactwa naturalne. Możemy pójść dalej i budować odporne systemy, które przeprowadzą nas bezpiecznie przez zmiany klimatyczne. Wymaga to ogólnoświatowego wysiłku w którym każdy z nas w naszym własnym otoczeniu zrobi to, co może, przy użyciu tego, czym dysponuje. Musimy stosować recycling w naszych domach. Musimy wytwarzać lokalnie żywność i energię. Nie musimy niczego importować i eksportować. Musimy się tylko rozejrzeć dokoła, każdy nasz problem może się stać rozwiązaniem. Dzięki wiedzy zawartej w tej książce możesz regenerować zdegradowane ekosystemy. Możesz stworzyć obfitość absolutnie wszędzie, niezależnie ile masz lat i w jakich okolicznościach przyszło Ci żyć.

Zwróć uwagę, jakie rośliny masz już w swoim otoczeniu. Czy są tam pionierskie gatunki roślin motylkowych? Czy możesz zebrać ich nasiona? Czy możesz gromadzić wodę z dachu lub w krajobrazie? Czy możesz wykopać rów warstwicowy? Czy możesz zebrać ściółkę lub inną materię organiczną? Jeśli możesz to zrobić, to możesz zainicjować permanentny system, który rozpocznie procesy uzdrawiania Ziemi wokół Ciebie.

Po prostu zacznij to teraz!

MP

Indeks

A

Akwakultura, 22, 33, 37, 70
Azot, 10, 16, 24, 45, 56-57, 61-62
　72-73

B

Bakterie, 16, 24-25, 27, 56, 60, 62

C

Chinampa, 70-71
Chop and Drop, 31, 61, 63
Chwasty, 10, 31, 58, 61
Cień deszczowy, 33, 39
Cykle, 14, 17-21, 25, 27, 31, 40, 44,
　47, 71-72

D

Deszcz, 21, 39-40, 49, 66, 73, 76, 80
Droga Słońca, 41, 77

E

Energia, 6, 8, 10-11, 19, 21-22, 33, 37,
　41, 45, 47-48, 50, 67, 72, 74, 77, 80
Etyka, 6-8

G

Gabion, 75
GMO, 12
Grawitacja, 6, 33, 37, 74, 76
Gildia, 44, 63, 66

H

Herbicydy, 10, 12, 24-25
Hugelkultura, 72

K

Klimaty analogiczne, 40
Kluczowa linia, 48, 74
Kluczowy punkt, 48, 75
Kompost, 14, 18, 54-60, 69
Kontynentalny Efekt, 39
Krawędzi Efekt, 42, 70
Kurzy traktor, 69

M

Mikroklimat, 33-34, 67
Minerały, 10, 13, 24-25, 27, 33, 56-57
　59-60, 69
Morski Efekt, 38-39
Motylkowe, 10, 16, 61-63, 73, 80

N

Nachylenie, 33, 42, 66, 72, 74-75
Nasiona, 10, 16, 18, 23, 54-57, 80
Nisza, 17, 30, 44

O

Ogród, 10-11, 17, 41-42, 44, 46, 50
　57-58, 60, 62-63, 69, 72
Organiczny, 12, 18, 23-25, 27, 52, 57, 69
　80

P

Pajęczyna Odżywiania Glebowego, 25
Pawilon ogrodowy, 77
Pestycydy, 10, 12, 24-25
pH, 45-46, 69
Plon, 44-45, 47, 49, 66, 71

R

Rakietowy piec, 76
Rów warstwicowy, 49, 63, 72-73, 75, 80
Różnorodność, 6, 16-17, 23, 29, 33, 43, 45, 47, 52, 57-58, 66, 73
Ryby, 58, 70-71

S

Sektorów planowanie, 50
Słońce, 8, 41
Stawy, 74-75
Szklarnia, 54, 77

Ś

Ściółka, 18, 29, 31, 49-50, 55-56, 62 66, 70, 72-73, 80

W

Walipini, 77
Warstwica, 43, 49, 72, 75
Wiatr, 6, 8, 23-24, 29, 33-34, 38-39 47, 50, 67, 73

Woda, 6, 8, 13-14, 16, 19-24, 29, 33 37-39, 42-43, 47-49, 52, 54-56, 58-60, 66, 69-77, 80
Wofati, 78
Wypas naprzemienny, 68-69
Wysokości Efekt, 38
Wzorce, 6, 13, 17, 37, 40

Z

Zanieczyszczenie środowiska, 14, 80

Ż

Żyzność, 16, 19, 24-25, 33, 71, 73

Moje podziękowania dla:

Mojej rodziny
Adriana, James & Oliver Powers
Dolly Powers
Mike, Vicky, Joe & Rosemary Mitchell
Rick & Darcy Powers

Ilustratorów
Brandon Carpenter
Wayne Fleming

Moich nauczycieli, edytorów, wspierających
Geoff Lawton
Rosemary Morrow
Elaine Ingham
Danial Lawton
Diego Footer
Paul Wheaton
Jocelyn Campbell
Eivind Bjørkavåg
Cassie Langstraat
Permies.com
Diana Leafe Christian

wsparcia w kickstarterze
Jeremy Martin
Richard Larson
Wojciech Gorny
Eward Gaybba
Cassie Langstraat
Jennifer Wadsworth
Trista Teeter
Debra Krause
Pamela S Stumpf
Kelly Clark
Mark R Brown
Debbie Han
Michael Hoopes
Brady Randall
Lisa Orr
Dustin Hall
Sharon Hilchie
Michael Dunn
Andy
Michael Leatherman
Aome St Laurence
Lorenzo Costa
Marianne Spitzform
David Dahlsrud
Santi
Maria Svennbeck
Blayne Sukut
Rob MacMorran
Christer DeBoer
William D
Raul Sanchez Jr.
Eivind Bjørkavåg
Cynthia Carter
Brian Klock
Brian Cummings
Rick Powers
Meghan Craig
Matthew Johnson
Lance Day
The 3-R Ranch
Phyllis Seidl
Jackie de Vries
Rosemary Schmidt
Linda Morrison
Jean Cavanaugh
Martin Giannini
Heather Bean
Holly Cummings
Kerry Rodgers
Robert Reid
Livvy Floren
Desirea Holton
Rebekkah Morgan
Diane Ernst
Thomas Stark
Sandra KRODJA
Erik Little
Raihan
Susan McGuinness
Charlene Nash
Susan Ainsworth Smith
Deborah Ang
Patricia Zulkosky
Max Madalinski
Gibson Verkuil
Nancy Sutton
Jacqueline Kim
Christos Demolas
T F Taranto
Doug Barth
Gay Rogers
Gabriela de Sá Nunes

Salt Pheonix
Liz Braithwaite
Katrina Spade
Debbie Sauerteig
Georgina Warden
Katalin Berta
Mark Hall
Markus
Audrey Saunders
Nicola Cervella
Barbara Bauer-Chen
Timothy Skogen
Sharyn Wilson
Michael Brahier
Jessica Peterson
Karl Treen
Demetra Markis
Joby
Henry Trott
Costa Boutsikaris
Cecilia Pleshakov
Olivier Asselin
Bryan Légère
Duke
Bob Akers
Justin Rhodes
Noah Rodrigues
Miku Valley Permaculture
Akshay
Viv Chamberlin-Kidd
Michelle Gundersen
Leann Sasamoto
James Gonzalez

Paul Wheaton
Stephen Joll
Pamela Jines
Maureen Lefebvre
Jeff Haenggi
Liz Utting
Michael Tullius
Alan Booker
Zita-ann Riesterer
Nichole Fausey-Khosraviani
Janice K
Johan Bergknut
Jenny Kato
Steve Steiner
Connie West
Philippe Page
Simon Johnson
Bob Rw
Tabitha Hanes
Julieta P Peralta
Elyse Sheppard
Narayan Swamy
Haley Cox
Chris Webb
Shelley Strong
Trish
Pamela Sawyer
Dana Crawford
William Barry-Rec
John Dodge
Rob Gray
Richard George

Caleb
Brooke Young-Kerr
Howard Story
Brian Bishop
William Turner
Jessica Carlson
Pearl Fortune
Stuart McHendry
Marcus Wilson
Jana Lin
Kylie Maudsley
Rebekah Kuby
Xavier OK
Mutual Welfare
Emil Hasan
Charlotte
Hannah Su Taylor
Christopher Dunn
Janelle Roza
Heather
Kristy Keller
Rene Bajamonde
Andrew Ayers
Travis
Peter Eberle
Leon Elt
Ed S
Jenny Shore
Lars Woltemade
Mary Ann Litchfield
Neal Spackman
Christopher Hill
Tiffany Zwieg

Jenny Marchand
John Athayde
Svein Daniel Solvenus
Rasili O'Connor
Jodi Hesse
Holly Lynne Teresa Malloy
Erin Lund Johnson
Silvia Daole
Gary Calder
Acerific
Karl
Juan B. Ortiz
Jaime and Jennifer White
Wendy Howard
Dylan
New Tokyo School Kagoshima
Brian and Stephanie Ladwig-Cooper
Ceferino
Sandra Lee Russell
Ian Cody Harrison
Geoff Cooper
Justin Ingersoll
Massi Miat
Jonathan Stoski
John Cornett
Elizabeth Swenson
Georgia Craft
Kevin Brown
Carlo
Jodi Wright
Tom Trial

Jennifer Mendez
Ricky Curioso
Mike Mitchell
Casey Price
Jamie Somma
Melanie Hoffman
Greg
Quinn Trejo
Anthony Cook
Kurtis Colonna
Jane Lawson
Maggie
Colette Cook
Laurie Neverman
Miss Deonne
James Julian Castillo
Chandrika Joshi
Diane Maennle
Zachary Schrock
Saskia Symens
Dylan Hardy
Peter Larsen
Mike K
Fred Tyler
Nancy Callan
Ainsworth Anne
Casimir Holeski
Kara Richardson
Neil Geldart
Henk
Bill Colvin
Diana Hoffman
Ted Krug

Jarrett Columbus
Tom Magill
Coen Meintjes
Nicholas Burtner
Susan Grimm
Chad Stamps
Derik Keith
Megan Stevens
Jeni Rolon
Morgan Louis
Carol Taylor
Salah Hammad
Heinrich Lorenzen
Dominic Allamano
Darrell Clevenger
James Breeding
Chuck Zinda
Bonnie Blowtorch
Kevin Mace
Kris Holstrom
Eric T. Mings
Gary Degolier
Christiana St-Pierre
Darien Savoie
Deborah Loupelis
Robert Bryant
Suburban Snowflake
Esther Taylor
Ryonin
Dusty Hicks
K
Leah Shanker
Sara Storimer

Ed
Clare Lasby
Andrew J. Whittaker
Raye Hodgson
karen
Jyoti Deshpande
Aimee Grimmel
Michael Wolfert
Karen Noon
Terrill Rankin
Marie Shaw Iden
Alicia Kaye
Stefan Johnson
Ruth Eliot WPLK
Alexander Ojeda
Nur Bates
Lisa Apfelbaum
Heather Hynd
Dr. & Mrs. J. Christopher Williams
Karla Upton
Douglas Kidd
Randy Tipton
Sam Samson
Lisa O'Neal
Jeff Womack
Brody Jordan
JoAnn Olinger-Luscusk
Rica
Jeffrey Haney
Yong M Hua
Amy DiAngelus
Peter Mack

Kern Lunde
Greg Tuveson
Nicolas Vervisch
ROBERT
Sahdia Khan
Eric Moen
Debby Rosin
Shane Fatello
Hannah Smiley
Cathy
Jesse Ash
Zachary Daniel Jones
Trevor Peck
KW
John Giroux
Julia Mason
Chris
Carl Palmer
Julie Diane Johnston
James McDaniel
ArtCraft Entertainment, Inc.
Jesse Grimes
Erika Bailey
Stephen Mayer
Michael Woods
Jeff Sullivan
Bill
Janet Dowell
Lynne Road Permaculture Farm
Jesse Chastain
Christopher Ryan

Chris Georgopoulos
Peter Piche
Ken Parker
Pete Koenig
Sandra Arrowood
Roberta and Hathan
Linda Spain
Josh Noland
Melina Wade Staal
Janelle P
Steve Flanagan
Lisa Kohlhepp
Sam Pearson
Andre Odore
Fran DaShiell
Mary Nichol
Teresa Lees
Terri Warriner
Monique
Spencer Dalberg
John Peck
Gred Gross
April
InfernoSis
Mario Diaz
Justin Stenkamp
Brian Stretch
Mary Fahnestock-Thomas
Nathaniel Rogers
Teresa Schaefer
Paul Hinchcliff
Matt Hogan
Leslie Patton

Collette Hoagland
Todd Harpster
Jeremy Gragston
KNS
Kristi Rainwater Steffek
Curtis Budka
Tracy Hamblin
Nancy Swartzbaugh
John Cusimano
Phoenix Blackdove
Scott deWyze
K Flaye
Stefan Kalisch
David Cortez
Blayne Prowse
Don Vallere
Ewelina Bajda
Patricia Vallentyne
David Lockwood
Stephen
Stephen
Susan Valdez
Lisa Russell
Lisa Delaney
Christopher Harrison
Permatees
Jen Davis
Kaleb Fifield
Avril Parsons
Heli Iso-Aho
John Adam
Fadi Kanso
The Hummingbird Project
Jeff Kerestes
Turon Sharp
David Kepner
Betty Jones
Liz Rantz
William Freimuth
Leona Klassen
Somorendro Khangembam
Kasie Roads
James Rotondi
David Oman
Miles Flansburg
Lachlan MacDonald
Stacie Wright
Adison Temple
Karl Keller
Ben Jamin Walker
TribalWisdomAcademy.com
Chad Van Tol
Jennifer Niquette
Danielle Williams
Amy Kirsten
Richard Bourdeau
Anderson
Stephen Vermilyea
Sue Rine
Mike Machlin
Nathan Drager
Jennifer Varner
Rob
Erika Sedgman
Leslie
Peter Clare
Vickey
Deborah Smith
Matthew Goto
Lawrence Lessig
Kathryn Hardage
Bill Garlick
Jason Nicoll
Derek Williams
Dustin
Michael Stein-Ross
Mark DuBois
Thadius Marcus
Beatrice Price
Jacob Holzberg-Pill
Nathan
Pamela Long Martinez
Michelle Thompson
Marney Morgan
J83
Nicole Mitchell
RN
Lymun
Mandy & Steve Ritchie
Paul Ely
Lili
Sarah Joubert
ktwan
Kevin Brown
Laura Ruby
Shawn Adair
Carmen Clow Fedor

O Autorze

Matt Powers urodził sie w 1982 roku w Connecticut. Dorastał bawiąc się na dworze, jeżdżąc na nartach i rysując. Ma dyplom BA New York University z dziedziny Literatury Brytyjskiej i Amerykańskiej oraz dyplom MA w zakresie Edukacji na National University, jak również certyfikat projektowania permakulturowego PDC zdobyty w ramach kursu online Geoffa Lawtona. Matt w wieku 20 lat był muzykiem, koncertującym i nagrywającym w studiach Nowego Yorku i Los Angeles. Poślubił Adrianę i mają dwóch synów. Gdy Adriana dwukrotnie w ciągu jednego roku zachorowała na raka, rodzina przeniosła się do Kalifornii. Po kilku latach koncertowania i nagrywania, Matt zaczął uczyć angielskiego i produkcji muzyki cyfrowej w publicznej szkole Minarets.us, w Central Valley w Kalifornii, skupiając się na nauczaniu ukierunkowanym na potrzeby ucznia, technologii i budowaniu społeczności.

Obecnie Matt wykłada na konferencjach dotyczących nauczania i permakultury, głównie o motywowaniu uczniów, permakulturze i technologiach XXI wieku w nauczaniu. Jesienią 2015 roku w Sebastopolu Matt otwiera The Powers Permaculture Homeschool (Domową Permakulturową Szkołę Powersów) - nowy model edukacji domowej. Prowadzi również podkasty Permaculture Tonight na iTunes i SoundCloud. Matt ma zamiar jeszcze długo uczyć, pisać i dzielić się wiedzą.

Strony WWW:
thepermaculturestudent.com
twitter.com/Permaculture123
facebook.com/ThePermacultureStudent
facebook.com/PermacultureLifeSchool
facebook.com/PermacultureTonight
soundcloud.com/PermacultureTonight

W przygotowaniu książki:
The Forgotten Food Forest
The Magic Beans
Peter Permaculture
The Permaculture Student 2 i 3
i więcej!

www.ingramcontent.com/pod-product-compliance
Lightning Source LLC
Chambersburg PA
CBHW041112070526
44584CB00002B/146